掌握增肌减脂营养关键 ✕ 主厨特制运动餐
吃好吃饱才能瘦，打造理想体态不求人

做自己的运动营养师

SPORTS NUTRITION

张诣 著

辽宁科学技术出版社

·沈阳·

CONTENTS

目录

第 1 章　CHAPTER 1

每个人都要有的运动基础观念

第 2 章　CHAPTER 2

吃对决定体态! 营养与运动的关系

第3章 CHAPTER 3
营养吃才能让运动效果更佳

奢华的松露滋味

日式经典家常滋味

地中海餐桌小旅行

Eason's 居家健身小教室

作者序
好食课营养师团队

好食课想和大家一起迈向更健康的未来

2015 年，一群热血、关注营养和健康的营养师聚在一起，与大家一起分享最新、最有趣的营养资讯，将正确的饮食知识与观念传递给更多人。一转眼 5 年过去了，我们的粉丝团加起来已超过 15 万人，除了最初的"好食课"，还增加了"运动食课""妈咪食课"两个专栏课程，也因此而结识了同样热爱运动、志同道合的 Eason 老师。很开心能和他合作，用厨艺分享营养，一起推出这么棒的运动料理书，帮助大家吃得健康、吃得美味！

饮食，不只是知识，更是一种习惯

一日三餐、下午茶、宵夜、零食，我们无时无刻不被食物围绕着，而这每一顿饭、每一餐食也都与我们的身材、健康、工作效率、心情息息相关。养成好的饮食习惯才是长久之道。而这本运动料理书，就是希望带着大家，不仅是借由读书学会知识，更能亲自动手体验，不管是烹调或者运动，让生活慢慢改变，使你迈出改变的第一步。

改变没有想象中那么难，别为自己找理由

其实，运动与调整饮食没有想象中那么难，最困难的是开始跨出的那一小步。可能你只是为了让自己更好一点儿，不管是更健康、更有体力出去玩，还是更有效率地工作，任何小小的愿望都是开始的契机。而生活中每一个小小的改变，都会渐渐汇集成你的习惯。在读这本书的时候，你可以想想自己最喜欢的运动，或跟着 Eason 老师从最自在的居家健身开始，同时学习"好食课"的饮食观念，稍微调整训练前后的饮食搭配或改变一下冰箱、零食柜中的食物，找到最适合自己、最舒服的第一步。我相信很快，你也会跟我们一样，爱上运动、爱上饮食！

运动吃货主厨Eason

"做自己的运动营养师"是我在迈向45岁之前给自己设定的目标

我因为热爱美食与烹饪而从事了与厨艺相关的工作20余年，或许是我也热爱运动，因此没有在体态上反映出吃货的"职业伤害"。但我知道，若想继续维持健康体态，光靠运动绝对是不够的，营养摄取和饮食习惯才是最重要的一环。所以，我从去年开始朝着这个方向钻研与进修，也因此认识了书中营养专业知识的主笔杨哲雄营养师，并且在好食课团队的鼎力相助之下，促成了这本书。我希望，能够将运动营养方面的专业知识用最贴近生活并且易于实践的方式分享给大家。

现阶段，我除了具备基本的运动营养知识，还归纳出一套属于自己的方法，在不需要严格控管热量摄取的状态下，及早开始调整自己的日常饮食习惯。

1.调整饮食习惯，先从碳水化合物开始

碳水化合物是运动时主要的能量来源，同时也是最容易囤积成脂肪的巨量营养素，在运动前后补足所需分量是绝对必要的，但是在非运动日及晚餐时段，我会减少淀粉类的摄取，改以低脂肉类及蔬菜来增加饱腹感。

2.三餐斤斤计较吃多少，不如戒掉非必需的饮食行为

认识我的人都知道我是个"蚂蚁人"，正餐饭后一定要有甜点，下午茶时段更是不可少。但现在的我只把吃甜点当成是犒赏自己而非经常性的饮食行为，如此不但大幅降低了不必要的热量摄取与身体负担，偶尔吃反而比常常吃更有满足感。

3.含糖饮料是用来解馋的，不是用来解渴的

对我来说，夏天让热量爆表的罪恶根源非含糖饮料莫属，口渴时拿起含糖饮料猛灌，就如同加油时油表跳动般，让热量迅速飙升。现在的我会提醒自己口渴时要先喝水解渴，饮料只是拿来解馋的，不要豪饮。

4.养成阅读营养标示的习惯，是热量控制的第一步

养成阅读营养标示的习惯，不但可以建立起营养素含量的基本概念，更重要的是可以培养出对于热量摄取的警觉性。

饮食习惯是伴随着自己一辈子的事，不仅会直接反映在外貌与体态上，更是长期影响身体健康的重要因素，建立正确的饮食观念，戒掉不良的饮食习惯，才是维持身体健康与体态的根本之道。

每天只要做点儿小改变，身体慢慢地就会开始有所不同。不要等明天，从今天、从现在就开始！

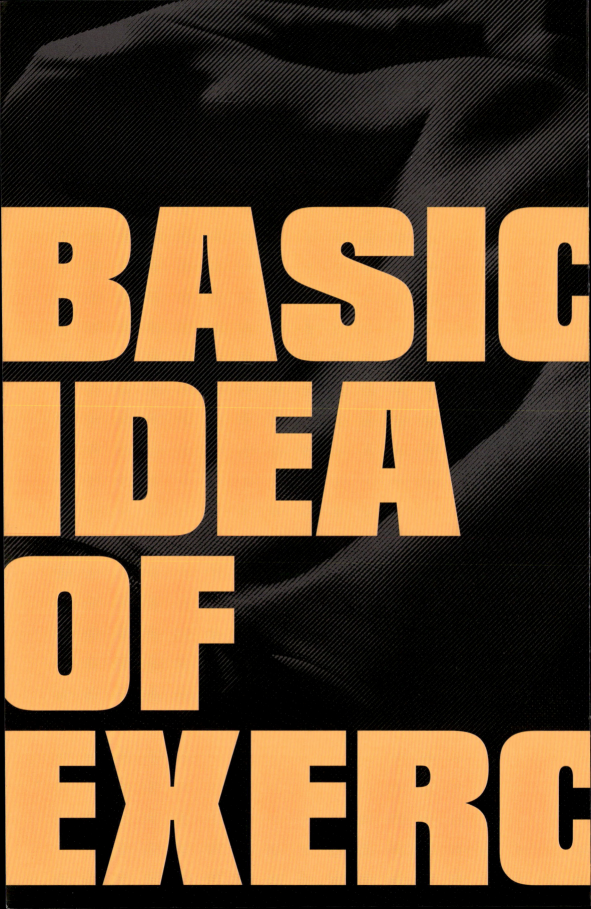

BASIC IDEA OF EXERC

CHAPTER 1

每个人都要有的运动基础观念

这几年的运动潮比以往更加盛行,而且项目也非常多样化,对于想加入运动行列的你,让我们先通过这个章节了解运动的定义、重要的正确观念,再跟着作者正式开启自己的运动人生!

你真的有运动吗？

我们都知道，维持运动习惯可以带来更健康的生活、更完美的身材。但也许你心中也曾经存在这样的疑惑："我可以做什么运动？""怎样才算是运动？""今天在外面跑了好多客户，这样也算运动吧？"以下分享一个小故事，让我们来了解什么是"真正的运动"吧！

在做营养顾问的时候，我总是会提醒咨询者，运动真的是非常重要的一件事，可以让你有本钱吃东西、更轻松地享受美食。如果喜欢吃下午茶或甜食，选择在运动后吃，适量地吃，就不用担心罪恶感，也不用担心会变胖。

在几年前，曾经有一位40多岁的女士跟我说："营养师，我每个周末运动3小时，下午茶也都照着你说的，运动之后才吃，但为什么我好像还是比上次又重了一点儿？"

咦，听起来很神奇，运动这么久、消耗了很多热量，吃个小蛋糕犒赏自己不为过吧？为什么会胖呢？

好奇的我接着问："听起来很不错啊，每周都有运动是个很棒的开始呢！而且3小时也很久。那你周末都做什么运动呢？"

女士说："我假日难得有时间，可以开心地买衣服，都会跟朋友去逛百货公司，走走晃晃通常都要花3小时，买完衣服就顺路去吃下午茶了！"

听到这，我恍然大悟，虽然她有遵照我说的"运动后再吃甜点"这个原则，但是看来是有点儿误解了"运动"这个词。

需达到一定强度才算是真正运动！

从上面的故事可以发现，逛街虽然花了"时间"进行"活动"，但好像跟平常的生活没有太大的差异！这是因为，"运动"必须是高于平常活动的强度，大概是心跳大于每分钟110下。也可以参考下页的"10级运动自觉量表"评估，这个表格是从1分到10分自行评估运动的强度。我们在脑海中想象，最轻松的1分是躺在家里看电视，10分是累瘫在地上没有力气继续动。如果今天的运动只有1~2分，代表强度太低，只是在"走动"，还远远称不上运动，至少要达到3分以上才称得上是运动！

唯有当运动达到足够强度，身体超出平日的负荷，器官因需要适应新的压力，才会逐渐变得更强大。心跳次数提高了，对血管弹性、心脏功能都是有帮助的，可以减少患心血管疾病的风险。近年来，美国做的相关研究指出，就算超过40岁才开始保持运动习惯，也一样可以降低患许多心血管疾病的风险，但能越早养成运动习惯，越早受益！

10级运动自觉量表

评估运动强度	身心感受
10分	我要累死了
9分	我可能快要累死了
8分	我只能用气音回答问题，这个强度我只能维持一会儿
7分	我虽然能说话，但真的很不想，而且衣服都湿透了
6分	我还能说话，但有点儿喘不过气，而且汗流不停
5分	我还在舒适圈，虽然流很多汗，但依旧可以自在对话
4分	我流了一点儿汗，但感觉很棒，而且我能轻松地说话
3分	我还是觉得舒服，但呼吸稍微难了一点儿
2分	我觉得很舒服，可以维持这个状态一整天
1分	我正在边看电视边啃鸡翅

持续时间、频率，也是不可忽略的重要因素

除了强度之外，我们还要注意运动的"持续时间"与"频率"，每次运动尽量要持续30分钟以上。为什么呢？想象一下，假设今天你在追公车，瞬间冲刺了十几秒，心跳一定会超过每分钟110下，但这算运动吗？显然不是。你停下来休息以后，心跳慢慢平复，除了流一点点汗之外，几乎没有太大差异，因为时间太短，身体还来不及做出"运动的反应"。如果能把运动时间拉长，稍微热身5~10分钟，之后维持心跳大于每分钟110下的状态，接着再努力锻炼20分钟以上，就会为我们带来更佳的运动成效。

而频率呢？虽然很多人一周可能会特意去健身房一两天，但如果能养成"一周运动5天以上"会更好，因为运动不只使我们健康，更重要的是养成一个积极、持续的好习惯。如果你平常上下班时间、生活作息时间固定，也许除了健身房之外，也能安排在附近的校园、河堤跑跑步，甚至买一台脚踏车，转换不同的运动方式，会让这个运动变得更有趣。

如果你平常很忙，时间较不固定，那运动的计划就更应该有弹性，也许可以在家准备一些小器材，如哑铃、壶铃、瑜伽垫。利用洗澡前的30分钟，摊开瑜伽垫，试试基础的仰卧起坐、伏地挺身等，徒手健身一下，或者跟着运动视频动一动，甚至是拿着哑铃、壶铃来一点儿重量训练，这些都是省时又方便的运动方式。

如果偶尔想要来点儿不一样的，你也可以在上班的背包中放入运动鞋、运动服，下班换成运动装，骑着单车吹吹风、看看夜景，来段惬意的运动旅程！

如果你想瘦、想健康，绝对要运动

我想运动到底可以消耗多少热量这件事，应该是许多想减脂、减重的人最在意的事情吧！每次与咨询者讨论时，总会听到："营养师，我这样运动可以消耗多少热量啊？"其实，消耗多少热量跟你自己的努力有很大关系。运动消耗多少热量跟以下这 3 个因素有关：

1. 心跳快慢

2. 持续时间

3. 体重

运动的强度越高，身体需要的氧气越多，所以为了提供更多氧气，心跳就必须跳得更快！这也是为什么运动手环可以算出消耗热量的秘密。维持一定速度的心跳，就是消耗热量的关键。而持续的时间越久，消耗的热量也越多。换句话说，若以同样强度运动 1 小时，消耗的热量就是运动 30 分钟的 2 倍。所以稍微坚持一下，让运动的时间最少达到 30 分钟。而最后一个体重，因为关系着身体的负担，体重越重相对负担越大，也会消耗越多的能量。

年纪渐长，你更该养成运动习惯

许多人跟我一样，学生时会参加各种球队，几乎天天都打球。但进入社会后，庞大的工作量、不固定的生活作息、少了打球的伙伴，运动时间渐渐减少。当我们过了青春期以后，身体不再快速生长，取而代之的是逐渐退化，如果没有维持好的运动习惯，退化的速度是加速进行的！最明显的不外乎肌肉组织，如果没有维持运动习惯，肌肉每年可能会以0.3%~1% 的速度流失，随着年纪增长，会流失得越来越快，最直接的会反映在体态上。

所以，随着年纪增长，你更应该养成运动习惯，如果没运动，不只是肌肉流失、体态失控，还会增加患病概率，甚至连精神、思考反应速度都会受到影响！保持一定的运动习惯，会使脑部的血液循环较佳，更能维持敏捷的思绪，对于工作、生活其实有着大大的好处。

许多现代人在忙碌生活中，其实会陷入一个循环：工作→回家休息→睡觉→工作→回家休息→睡觉，不断重复这样的生活模式，工作忙碌、累了，回到家就不想出门，看看电视、玩玩手机就准备睡觉，睡一觉起床就匆匆忙忙地又去上班。你现在也过着这种生活吗？

从 1 个月的运动习惯开始建立吧！

这是一位中年大叔的故事。认识他时，他年纪 50 岁，是一位公司主管。摊开他的体检报告，每页都有红字，血糖、血脂、血压都过高。

这位大叔其实是被健身房教练叫来，找我学习如何调整饮食，因为体检时血糖、血脂、血压都过高，而且三餐不定时，也没有时间运动，开始觉得体力变得很差，工作效率受到影响。因为太久没运动，不知道怎么运动比较好，所以直接报名教练课。

来找我的时候，大叔才刚开始上一两堂教练课，光是动态热身就已经很喘、没力，基本上还没办法加重量，只能慢慢地从姿势、动作练起。而饮食也因聚餐、应酬习惯了，只能先从学习选择菜色，调整什么多吃、什么先吃开始。其实，那次 1 小时的讨论过程中，只聊了很简单的饮食小重点，没有开菜单，没有计算热量，更没有讲解深入的运动营养知识。但我知道，大叔即将开始改变，从完全没有运动到开始每周 2 次的教练课，并且每天会试着完成教练给他的回家作业，每天多花 30 分钟运动，饮食上调整搭配的比例，少选油炸的食物。听起来就只是"每餐吃饭的时候多花 1 分钟观察""回家离开沙发 30 分钟"，如此简单而已。

再一次碰到大叔已是 3 个月后，那时我又到健身房协助学员，不过这次并不是跟他讨论饮食，而是看到一位正在"玩"战绳的男生，远看感觉熟悉，但体态陌生，走近一看才发现正是那位中年主管大叔。让我惊讶的是他体态的改变，目测至少减了 5 公斤以上，而且看起来年轻了许多，很难想象他从之前光是热身就气喘吁吁，到现在已能顺利正确地完成战绳这种有点儿强度的训练课。原来，才短短的 3 个月，大叔对于健身玩出兴趣了，除了教练课、30 分钟回家作业之外，也开启了路跑的旅程，甚至还报名了一场 10 公里的路跑。而体检数据方面，血糖稳定了许多，精神变好了，工作效率也提升了。

其实我们"动"起来都只是一个简单的契机，也许是一项你喜欢的运动，也许是被逼迫，但是只要坚持 1 个月，身体和生活状态开始有些小改变，很容易就会有成就感，也会开始更加有兴趣。像这位大叔花钱逼自己动起来，不到 3 个月，生活状态就已经完全不一样！因为肌肉细胞受到刺激，更容易吸收、储存血液中的糖类，让糖类不会一直留在血管中，更容易平衡血糖、维持健康。

比起少吃，用运动让自己更健康地瘦！

这是一位 30 岁左右，体型看起来正常，甚至有点过瘦的上班族女性，她与上面那位大叔的故事相反，是我印象最深刻的咨询者之一。

许多女生总说："减重是女生一辈子的事业啊。"真的，我们总是为了身材而努力奋斗，但有时候却不知道该怎么做才好，反而会给自己过多的压力。

这位上班族女性就是对自己要求过高的类型，高到有点儿超过了身体负荷。初步聊天后发现她其实有一点点厌食加暴食，甚至需要服用一些药物来舒缓情绪、压力，担心吃了任何东西都会变胖，一直有股罪恶感。所以只敢少少地吃，但饿久了、压抑久了，累积到极限，一爆发后又突然不能控制地大吃发泄一顿，有时候会突然跑去买 6 寸的蛋糕，一个人全部吃掉，但吃完后又因为罪恶感去催吐。

这位上班族女性之所以让我印象特别深刻，并不是因为厌食、暴食的缘故，之所以特别提到，是因为每一次的碰面，我都没有帮她算热量（虽然她很在意），更没有帮她开菜单（虽然她超级想要菜单），只是很有趣地调整了碰面时间，每一次都特别帮她安排在晚上7—8点的晚餐时段，以及每一次都请她帮我带晚餐来，或者一起去买晚餐。

我邀请她跟我一起共进晚餐，花1小时慢慢地聊天，一边把晚餐吃下肚，过程中没有讲太多的知识（虽然她很想知道各种减重方式）。同时，每一次都鼓励她运动，跟着她一起规划饮食、运动计划，跟着她一起了解食物的营养与运动的好处，并说着运动可以让食物的营养更正确地被利用，因为运动可以提升代谢率，让我们更轻松地控制体态。用这个方式大概持续了两个月，后来因为工作比较忙，也渐渐看到她养成习惯，就放心地让她独自持续尝试。过了大半年，有一天突然收到讯息，这位上班族女性跟我说，因为那两个月的努力，她现在已经习惯每天都去运动，饮食上也不再给自己那么大的压力，对于现在的体态也越来越

运动项目对应代谢当量

运动项目	代谢当量
单车（非常轻松地骑）	3
居家运动（轻度）	3.5
快走（5.5公里／小时）	3.6
单车（休闲骑行）	4
游泳（蛙式）	5.3
羽毛球	5.5
慢跑（一般速度）	7
居家运动（高强度）	8
路跑（每小时8公里）	8.3
路跑（每小时10公里）	9.8
跳绳	10
壁球	12

满意（不再过度地要求"瘦"，而是喜欢上"健康的体态"），连服用的药物都减少了许多，对她来说，有一种开始新生活的感觉！

运动的好处真的数之不尽，除了体态上会表现出最直接的反映之外，也会让我们情绪得以舒缓、释放压力，对于身心健康都有非常大的帮助。想想那些职业运动员，他们看起来是不是都特别阳光，特别有活力呢？这应该就是运动的魔力了吧！

如果你也准备好要开始运动了，我们可以先从选择喜欢的运动类型开始，并粗略估计能消耗多少热量吧！本书后面还会有更完整的热量计算教学！运动消耗热量的计算，根据每种运动强度的不同，都会有一个常数，而这个常数是估算的平均数值，用这个算法会有一些个体差异，但可以当作一个概估、参考的数据。

公式的算法如下：

> **运动的常数 × 自己的体重 × 运动的时间（以"小时"为单位）**

举例来说：我的体重是 75 公斤，若维持有点儿强度的 1 小时慢跑，大约可以消耗 525 千卡，计算如下：

> **7（慢跑代谢当量）× 75（体重）× 1（小时）= 525 千卡**

这样就可以很简单地估算运动消耗热量。但这个数值跟每个人的运动能力、身体状况、运动强度持续的时间有关，想要更精确的数值，建议试着买一个运动手环进行测量。

接下来，健身年资已有 20 多年的运动吃货主厨 Eason 将分享他的运动心路历程，相信看了他的分享，你一定会迫不及待也想要加入"为自己动起来"的健身行列！

开启自己的运动人生永远不晚！

D NA决定了一个人生老病死大部分的事，其中也包含身高、体型、脂肪分布等表象特征，但我相信后天的努力也会带来不同的结果。以我自己来说，我爸是胖的，我妈是瘦的，那我到了他们的年纪会怎样？我们无法预测未来，但是当下就可以决定是否朝着自己想要的目标去做努力，就因为这样的一个念头，开启了我的运动人生。

我从二十几岁到现在45岁，体态大概都是维持着现在的模样，没上过健身房，也没参加过运动课程，唯一做的是当兵时期开始养成每天洗澡前20分钟的"徒手健身"，就这样伴我度过了生活压力最紧绷、每天工作十几个小时、最有合理借口荒废运动的那10年，也或许是因为这样的坚持，为自己打造了所谓的"易瘦体质"。

在我35岁时，我热爱的游泳回到了我的日常生活之中，也因此暂停了徒手健身的习惯，当时心想，反正每天都游泳，运动量已经足够。的确，我的身体线条也一直维持着，没变过。

直到前几年在三铁赛前练习时，手臂旋转肌受了伤，接着两年身体也陆续反映出之前厨师工作经年累月所致的职业伤害所造成的各种不适，像手部关节、颈肩等部位的疼痛，甚至到后来出现手麻的症状。求诊过中西医，但始终只是获得缓解但无法根治，后来忽然意识到曾经在某篇文章里看过的一段内容："肌肉组织用进废退，30岁过后会逐年退化。"心想是否有可能是因为肌力和肌耐力已经衰退到失去保护能力，而让这些陈旧性的职业伤害表现出来？

于是，在咨询过医生意见后，开始自行安排渐进强度的徒手训练和伸展运动，持续了几个月之后，那些不适感渐渐消失，最后不药而愈！就在那时候，我决定让徒手健身再次回到日常之中，这也是为何会在这本书里收录居家徒手健身的主要原因，希望能把这二十几年一路走来的自身经验与心得分享给大家。

你才是自己的最佳私人教练！

启动自己的运动人生永远不嫌晚，但别只是盲目地跟随着别人的脚步去追求数值上的变化、肌肉的硕大，或是让运动沦为生活中的例行公事，一个口令一个动作反复做着，结束时只知道肌肉很酸、流了很多汗……运动，是为了自己，不是为了别人！运动教练扮演的也只是个引导、协助或是督促者的角色，参加运动课程不只是为了学会动作和技巧、流流汗而已，更重要的是学会与自己的身体对话，培养出自我觉察的能力。再厉害的教练也不会知道你身体的细微变化和感受，你才是最了解自己身体状态的私人教练，这也是运动带给我的一大启发。

运动对我来说不只是一种习惯，更是生活态度的展现，也希望能借由这些自身经验和切入观点的分享，让大家有所体悟，发掘出属于自己的需求与原动力，为自己动起来！

如何从零启动自己专属的运动模式？
发掘核心需求才是维持运动习惯的原动力

运动如果只是跟风，通常维持不了多久，朋友不去我也不想去，流行退潮不想再做下去……所以，发掘出属于自己的核心需求才是维持运动习惯的原动力。

每个人运动的动机和目的不尽相同，也可能因为随着年纪增长、人生历练、健康状况的变化而有所改变。年轻时的我只是为了表象的原因而开始运动，现在的我则是为了提升肌肉的保护能力、降低职业或是运动伤害的发生率，维持身体线条似乎只是附加好处而已。

锻炼身体，是预先储备自己年老时的生活品质

这些年来，由于照料长辈的关系，必须经常奔走于养老院与医院，这个过程也让我深刻意识到，照顾好身体不仅是在储备自己年老时的健康与生活品质，更是一种体贴家人与伴侣的表现，这也成为我维持运动习惯的核心动力。

在我看来，许多人无法保持运动习惯的主因，就是缺乏一个强而有力的动机来驱使自己维持下去。所以，要发掘出自己的核心需求，才能让运动成为生活的一部分，而不是可有可无的。开启自己的运动人生，关键不在于方法，而是心法。

重点 1　从生活中寻找"想要成为"的效仿对象

与其把明星当成效仿的对象，倒不如从家人、朋友之中去寻找，让自己有个"真实范例"可以学习，也等于让"未来的自己"具象化地呈现在眼前，更能达到激励自己的效果。如果能找到志同道合的朋友一起运动，互相勉励、督促（而不是一起堕落），那就更棒了！

在寻找效仿对象的过程中，也有人会被激起"他可以，我也可以"的不服输精神，而更有动力持续下去，这也未尝不是一件好事。

重点 2　用"不想变成……"的反向思考去发掘动机

虽然说"开启自己的运动人生永远不嫌晚",但从运动成效的角度而言,当然是在年纪越轻、体态越好的状态下开始运动越有利,但在没有迫切需求或明确目标时,通常也是最难去启动运动习惯的时候。

此时,或许可以用反向思考的方式,把身旁的人或是长辈当成对象,试想着未来自己的样貌、活动力、健康状态,也就是找寻一个"负面教材",用此方式去发掘潜在动机,也可说是用"预防甚于治疗"的概念来启动自己的运动人生。

重点 3　先建立起"运动模式",再讲求"运动成效"

有了明确的动机与目标之后,就可以开始安排自己的运动计划。要长期维持运动习惯,除了自身动力以外,时间是最大的影响因素,如果不能规划出固定运动时段,可以试着将运动时间穿插在生活作息里。例如,起床后、洗澡前等,不管是哪一种方式,目的都是要如同程式般将运动模式置入日常作息里,就像每天都要吃饭、洗澡、睡觉般存在于生活之中。

规划出运动时段之后,再从中安排自己最感兴趣或者是最容易完成的运动,从那部分开始,即便是散步、快走都好。这个阶段最重要的是养成时间到就动起来的习惯,等适应这样的运动模式之后,再依照自我需求,计划性地调整运动内容,以达到运动成效与设定目标。

不可不知的五大运动要素

必知 1　DNA主宰了体脂分布,不是想瘦哪就练哪

基因决定了每个人体脂的分布状况,并不是想瘦哪就练哪(局部瘦身是整形外科的领域,不是运动!),而是应该以全身运动让体脂率下降后,再借由特定的训练达到增加局部肌肉量或修饰肌肉线条的效果,最终呈现出的结果也会因为个体差异而有所不同。看看健美选手们就知道,即便是同一个重量级,相同部位的肌肉形状也不会是一样的。

必知 2　重量训练会练成金刚芭比?别担心,并不会

一提到"重量训练"四个字,很多女性的直觉反应就是会不会变得很"粗壮",像是金刚芭比一样呀?其实,肌肉不是马上就能练成的。而且女性因为激素的关系,相较于男性更不容易练出粗壮的肌肉线条。

此外,根据研究指出,"肌肉的增长"跟"训练的重量与次数"有绝对关系,用尽最大力气反复做8~12下相同动作的重量训练(可参考"重量训练成效表"),对于增肌的效果最为显著。然而,当肌肉已经慢慢适应该重量,可以轻松做出12下以上时,运动成效则转为肌耐力的提升,肌肉组织是不会因为次数做得越多就越长越大的。

必知 3　体重变化显而易见,但肌肉增长没有速成

是否常听到朋友说"这几天吃得太好,胖了1公斤",或是"断食几天,瘦了1公斤",但不会听到有人说"我这个礼拜肌肉又长大了1厘米"。没错!热量摄取状况很容易就反映在体重数值上,但是肌肉的增长至少要"以月为单位"才能看出变化,没有速成的方法。或许你会看到一个很胖的人在几个月内变成肌肉男的真实案例,这主要是因为减去大量脂肪而使肌肉浮现出来,这时体脂率会下降,肌肉率则会上升,再加上重量训练所修饰出来的视觉落差,并非真正快速长出大量肌肉所致。体脂率越高的人,其"视觉落差"会越明显。因此,想要增肌的

重量训练成效表

力竭次数	主要成效
1~7下	提升肌力和爆发力 肌力是指肌肉在单次收缩时所产生的最大力量（例如，一次可以举起多少公斤的哑铃）
8~12下	增加肌肉量 重量训练会使肌肉尺寸变大，是肌肉纤维变粗所致，而非肌肉纤维增殖
12下以上	提升肌耐力 肌耐力是指肌肉维持使用某种肌力时所能持续用力的时间或反复次数（例如，平举着哑铃多少分钟，或用哑铃做二头弯举多少次）

朋友们，除了计划性的训练、充足的营养补给与适当的休息之外，还需要有点儿耐心去等待肌肉的成长。

必知 4　了解徒手训练、机械训练、自由重量训练的优缺点

A　徒手训练

依照字面上的定义，是不借由任何器材，单靠自己身体来做训练的方式。但实际上可以不受字面限制，可以利用一些生活物品，像椅子、桌子，或是简单的辅助器材，例如弹力带、伏地挺身辅助器、滚轮来提升运动的成效。

适合对象：所有人。

优点：除了场地不受限、时间弹性、省钱之外，做任何动作的同时，都会直接或间接训练到核心肌群和身体协调性。此外，徒手训练虽然会因重量限制增肌效果，但可以"以量取胜"，随着动作次数做越多，肌耐力也会因而越加提升。

缺点：由于主要是靠自身重量在做训练，因此对于肌肉的刺激程度相对有限，增肌效果也会因此受到限制。但如果你只是希望有匀称的肌肉线条和健康体态，而不是追求健美先生般的硕大肌肉，徒手训练就已足够了。

B　机械训练

利用健身器械来进行动作的训练方式。只要经过健身房现场指导员指导，或是参考器械上面的操作说明，新手也可以轻松地开始健身。

适合对象：所有人。

优点：由于现在健身器械都做得非常精良，可以根据每个人的身体条件调整运动强度，动作幅度的掌握也相当精准，更能针对不同肌肉部位做出有效率的训练。

缺点：必须花费一定的时间和金钱。但如果你是自律的人，这样的方式就很适合你。此外，由于器械是针对个别肌群的训练，对于同时提升核心肌群和全身协调性的效果较有限。

C 自由重量训练

借助于哑铃、杠铃、壶铃等负重器材进行健身的方式。

适合对象：难度是这三种训练中最高的，比较适合已经具备基础体能、肌力、肌耐力和健身知识的人。

优点：如果自己有相关器材，就可以弹性安排自主训练的时间。此外，可以依照自我需求调整负重，动作幅度相较于机械训练不受限制，可更全面地训练到不同肌群。

缺点：需要自备器材，并需要有足够的空间和预算。此外，对技术门槛和身体条件要求较高。

必知 5 追求任何运动成效，都得"先重质，再求量"

无论你最后选择以上哪种训练方式，都要留意"正确的姿势"与"稳定的动作"，这是确保运动品质的两大要素，也是要达到运动成效的先决条件与关键，在没有顾及运动品质之

徒手、机械、自由重量训练比一比

	徒手训练	机械训练	自由重量训练
适合对象	所有人	所有人	训练难度最大，适合已经具备基础体能、肌力、肌耐力以及健身知识的人
优点	1.场地不受限 2.时间灵活 3.省钱 4.直接或间接训练都能练到"核心肌群"和"身体协调性"	能针对不同肌肉部位做出有效训练	1.有相关器材的话，就可以弹性安排自主训练的时间 2.可依照自我需求调整负重，动作幅度相较于机械训练不受限制，可更全面训练到不同肌群
缺点	靠自身重量做训练，故对肌肉的刺激程度相对有限，增肌效果也因此受到限制	1.花费一定的时间和金钱 2.器械是针对个别肌肉部位做训练，对于同时提升核心肌群和全身协调性的效果较有限	1.需要自备器材，并需要有足够的空间和预算 2.对技术门槛和身体条件要求较高

下就增加运动强度或运动量的话，不但无法达到应有的成效，还可能因此提高运动伤害的发生率。

每种运动所运用到的肌群不同，只有正确的姿势才能确保作用到对的肌群。此外，稳定的动作也很重要。以跑步为例，当双脚不是循着固定轨迹前进时，就会像骑着歪轮的脚踏车一样，分外费力。而在做重量训练时，用适当的速度保持动作稳定进行，才能感受到是否用到正确肌群、力量传递是否平均、动作是否做完整，才能在这个过程中给予肌肉足够刺激，锻炼出协调的外观与均衡的力量。使用"拼速度的方式"或是"平稳的节奏"做完 100 下伏地挺身，这两者的效果绝对会不一样的。

有了正确的姿势与稳定的动作之后，还需要适当的运动强度与运动量相互搭配，才能真正达到所谓的运动成效。运动强度要如何判别？我自己是参考"运动心率与两种自觉强度对照表"来计算，以下和大家做分享。

运动心率与两种自觉强度对照表有两种判别方法：一种为"10 级运动自觉强度"，也是最简便的判别方式；另一种则是"博格运动自觉强度"，为瑞典生理学家冈纳·博格（Gunnar Borg）所发明，级数从 6 级开始，6 级完全不费力，等于心跳每分钟 60 下，7 级等于心跳每分钟 70 下，以此类推至 20 级（达到完全的极限）。除了用自觉强度对照表的方式以外，也可以用心跳率来判别运动强度。运动心跳率 = 最大心跳率（220 - 年龄）× 该强度心跳。举例来说，我今年 45 岁，中等强度的运动心跳率 =（220 - 45）×（0.64~0.76）=112~133（下）。此算法得出的结果为粗估值，并非精确数值，仅供参考使用。

大家可以选择自己习惯的方式去判别运动强度，然后再与热量摄取综合考量，当成运动计划或是饮食控制的调整参考。

运动心率与两种自觉强度对照表

运动强度	最大心跳率	博格运动自觉强度	10 级运动自觉强度
低	57%~63%	9~11	4~5
中	64%~76%	12~13	6~7
高	77%~95%	14~17	8~9

注　表格部分数据参考来源为美国运动医学学会（American College of Sports Medicine）Guidelines for Exercise Testing and Prescription，10th Edition-Table 6-1。

如何安排运动计划

以我为例，虽然我热爱运动，但还没有达到狂热的程度，生活之中有很多美好的事物等着我去追寻，所以"用最少的运动时间去达到最大的运动成效"才是我想要的运动模式。当然，能像现在每周只花3小时就可维持着健康体态和体能，是因为在年轻时打下的良好基础，但如果是身体组成和体能状况不佳的运动新手，势必得经历一段时间，将基础体能和体态建立起来之后，才有办法达到这样有效率的运动模式。

如果你像我一样把运动当成是一辈子的事，那就别太在意时间的长短，因为不管多久都绝对是值得的，最重要的是在这个过程之中要顾及身心的平衡，别太过于执着运动成效而牺牲掉生活应有的快乐。不妨享受运动这件事！让它为我们带来健康的身体和愉悦的心情，这才是最终目的，不是吗？以下分享几个给运动新手的小建议，希望可以帮助你好好开始做运动。

观念 1 改变体态的是"习惯"，而不是一时兴起的运动

改变体态不是三两天就能看出效果的，所以在拟定运动计划时，安排一些能够让自己长期执行下去的运动项目才是最重要的。让运动不只是运动，而是能够成为生活习惯的一部分，否则再厉害的减脂运动或是训练菜单也达不到运动成效，更改变不了你的体态。

观念 2 先让身体适应，再求运动成效

由于每个人的生理状态不同，包括肌肉、肌耐力、关节活动度、身体柔软度、肺活量等，在拟定运动计划时必须把这些因素纳入考量，再安排强度适宜的课表。一般而言，如果你是运动新手，建议先从最低强度的有氧及徒手训练开始，让心肺、肌肉组织适应之后，再渐进地调整运动强度以达到运动成效。

观念 3 依照肌肉恢复时间设定运动周期

运动对于身体组织而言，是在进行某种程度上的破坏→修复→提升→再破坏→再修复→再提升……这样一直循环的过程，要达到良好的运动成效，除了适当的训练项目与强度安排之外，让身体组织有足够的时间修复也是非常重要的。

一般来说，以固定天数为周期（例如，做2休1，每运动2天休息1天），或是以周为单位去安排运动计划（例如：每周一、三、五运动，二、四、六、日休息），让运动成为一

种"惯性行为"，是最容易维持运动习惯的方式。不过对于运动新手而言，无法拿捏运动强度与恢复期之间的关系，建议先依照肌肉恢复程度，弹性安排运动天数，再慢慢调整成固定周期的模式。

观念 4 有氧运动、重量训练不可偏废，尤其是减重族群

有氧运动与无氧运动的不同

简单地说，当我们在运动时，身体合成所需能量ATP（三磷酸腺苷）的过程中，有无氧气的参与就是被我们称作"有氧运动"或是"无氧运动"的主要依据。人体有3个能量系统可以合成ATP，磷酸肌酸系统、糖解系统（或称乳酸系统）与线粒体呼吸系统（或称有氧系统），这些能量系统通常是同时运作的，会根据当时从事运动的强度和持续时间决定由哪个能量系统所主导。

磷酸肌酸系统与糖解系统，两者都可以在没有氧气的情况下，快速提供能量，但时间非常短暂，只有1~2分钟，在短时间用尽全力（例如，短距离冲刺的跑步、自行车、游泳等）或是需要瞬间爆发力的运动（例如，举重、跳高、跳远等），是由这两个能量系统所主导，因此将这类运动称为无氧运动。

线粒体呼吸系统的代谢过程需要氧气的参与，只要有足够的碳水化合物、脂肪与蛋白质（超过90分钟的运动才会用到蛋白质），就能长时间持续地供应身体运动所需能量。因此在中、低强度长时间的运动中（例如，长距离的跑步、自行车、游泳等）扮演主导角色，这类运动统称为有氧运动。"有氧运动"主要的运动成效在于提升心肺能力与基础体能。而重量训练则能够刺激肌肉组织的增长，提高基础代谢率，肌肉量与基础代谢率是成正比关系，肌肉量越多的人，代谢热量速度就会越快。

此外，在重量训练的过程中，骨骼也会出现极小的变形，在压力与强度的训练过程中，就可能会促进特定的骨骼出现"合成代谢生化反应"，进而增进骨质密度，避免骨质疏松。如果年轻时能保持正确与适量运动的习惯，可以降低年纪增大之后发生骨质疏松症的概率。重量训练不仅提升了肌力和肌耐力，再加上刺激了神经系统活动，能调动更多肌群，不但会直接反映在运动表现上，也进而提高了肌肉对于关节、韧带、骨骼的保护能力，避免日常活动及运动时所造成的伤害。

综观以上内容，有氧运动与重量训练各有不同的运动成效，相辅相成，有氧运动可以建立重量训练所需的基础体能与心肺能

力，重量训练则可以提升有氧运动的运动表现并且降低运动伤害的概率，提高基础代谢率，增加骨密度。

然而，如果你是为了"减重"而运动，无论是有氧运动还是重量训练，都可以达到消耗热量的目的。但是有氧运动对于增加肌肉量，也就是提高基础代谢率不但没有帮助，甚至还有可能会有反效果（除非你的减重是没有搭配饮食控制的！）。原因在于减重的人通常会将热量摄取压在每日总消耗热量（TDEE）之下，在这状态下长时间做运动，有可能会因为热量不足而分解骨骼肌里的蛋白质来充当能量使用，造成肌肉的流失。当身体的肌肉量变少时，代谢也会跟着变低，反而更容易变胖。为避免这种状况发生，除了摄取足量的蛋白质之外，还可以利用重量训练来减少肌肉流失的可能，就算没有提升，但至少也要维持住原有的基础代谢率。此外，重量训练也可以改变体态，让身体线条看起来更加匀称，无论穿什么衣服都好看！

所以，为了达到最好的减脂效果，两种运动都不宜偏废，对于原本没有运动习惯的人，建议可以先从"有氧运动"做起，将心肺能力提升到一定程度之后，再开始渐进地加入重量训练，以达到最佳效果。

我该先做有氧运动还是重量训练？

以下，针对不同运动需求的人制定不同的方法：

为了健康而运动的你

做些强度不高的有氧运动和重量训练，先做哪一个其实没有太大差别，依照个人习惯喜好安排即可，开心最重要！

为了准备路跑或三铁比赛的你

如果计划性地安排了特定强度的有氧运动或重量训练，那么分别在不同天做训练是最好的方式，如此才能达到最佳的训练成效。

为了增肌或减脂而运动的你

应该先把体力优先用在重量训练上，做足"该做的强度与组数"，才能有效达到以上应有的效果。此外，先做完有氧运动再做重量训练，除了有可能因为体力不足而做不到应有强度与组数之外，也可能因为专注力下降而增加了受伤的风险。因此做完重量训练后，再做些强度适中的有氧运动来加强心肺能力或消耗热量，让自己能够在下次运动前恢复到正常体能状态，这才是最好的安排。

如何突破减脂停滞期

减脂时，难免会遇到停滞期。你可能会觉得明明很注意热量的摄取，运动也没偷懒，但为何体重就是降不下去呢？别灰心！排除饮食的因素不谈，很有可能是因为"相同的运动"所造成的停滞。大家还记得之前有提到，运动是对肌肉组织进行某种程度上的破坏后修复、提升吗？如果你的运动项目、强度维持不变，肌肉组织很快就会适应而无感。刚开始跑步时，跑完3000米会腿疼，但是在坚持跑步一段时间之后，就再也不会腿疼了，而且越跑越轻松。这就表示身体已经适应了该项运动，对于身体的刺激变小了，也等于消耗热量的效率不如之前。此时可以更换一下运动项目，或者是维持原有的运动项目，但是改以"间歇训练"的方式，来给予身体不同的刺激，借此突破减脂停滞期。

间歇训练可以帮助你打破运动僵局

间歇训练可以随时加入应用在任何有氧运动里，只要适度地变换运动强度或休息频率就可以达到不同的运动效果。举例来说，原本长距离等速游泳的方式，可以改成快游 50 米之后紧接着用平常的速度慢游 50 米，或是冲刺 50 米后休息 10 秒，然后一直反复该动作到设定的目标为止。

间歇训练也可以是多种不同运动的组合，例如，在跑步过程中穿插一些像是障碍赛的部分，跑阶梯、拉单杠、徒手训练动作，用"跑酷"的概念跑步，不仅可以达到更好的减脂效果，也让原本枯燥的运动变得更有趣。

另外，在网络上常看到的高强度间歇训练也是一种有效的减脂运动，大都是以徒手训练动作作为组合，变化繁多，方便在有限的空间里操作。不过，由于动作强度不一，运动新手最好先将动作个别练习到一定程度之后，再跟着示范者一起连续动作，以免造成运动伤害。

具备了以上的观念与认知之后，就可以准备开始运动啦！

（可以跟着附录的"Eason's 居家健身小教室"一起做！）

CHAPTER 2

吃对决定体态！
营养与
运动的关系

了解运动的正确观念后，专业营养师要告诉你"营养与运动的微妙关系"。每天吃进去的食物，能成为运动的助力还是阻力，完全操纵在自己手中，取决于你是否了解食材营养和搭配组合的学问，吃对了，不仅运动成效大提升，讨人厌的复胖也不会再悄悄袭击你。

正确的运动饮食观念

还 记得我刚出道成为营养师时，有位朋友自告奋勇要当我的第一位客户，请我教他如何用健康的方式减重。那时候我们设定的减重计划大概持续了半年，成功瘦了7公斤没复胖。他按照我为他安排的减糖、控制热量饮食规划，每周至少运动3次，每次至少30分钟，非常有毅力，连我自己可能都没办法如此自律。

某天，我压抑不住好奇心，问了他："究竟是什么让你持之以恒照着计划走？"他说："你说的运动能带给身体的好处陆续出现，我觉得自己就像毛毛虫一样在蜕变，很有趣，也很有成就感。比如，体重下降了，肚子变小了，每天都正常排便，每天晚上都睡得好，皮肤好像也变得好了。"

这是我印象最深刻，也是最有收获的一段减重经验，因为我在他身上看见许多规律运动与饮食控制的好处被实现，而不只是减重而已。在后来的工作上，我也会询问客户有没有发现一些身体变化，以鼓励他们继续保持运动和饮食控制。除了我这位朋友说的那些改变，其实运动带给身体的好处还有很多，我把它们列在下方，希望这些也可以成为大家保持运动习惯的动力，在这段改变的健康生活中慢慢发现不一样的自己吧！

1 **增加肌肉量，提升心肺功能和体力**

通过阻力训练能增强肌肉的肌力（肌肉可承受的重量）和肌耐力（可持续运动的时间长度），当肌力和肌耐力增加时，我们可以长时间活动，即便拿比较重的东西也不会太累，如煮饭拿锅子、抱小孩、大扫除、拿着大包小包逛街血拼等。

而有氧运动则是可以训练那些"帮助心脏跳动、维持肺部呼吸的内脏肌肉"，也就是我们常听到的"心肺耐力"。随着心肺耐力提升，我们可以连续活动的时间也会增加，除了对运动训练的表现和品质有帮助外，对日常生活也很有用，如爬楼梯不会累、上班赶公车也不会气喘吁吁，有规律地运动，体力会明显有所改善！

2 **训练平衡感、肢体协调性，反应加快，预防跌倒**

如果是比较少运动的人，平衡感和肢体协调性会导致肌肉施力不平衡，或因老化而逐渐退化。平衡感差的人容易跌倒，也可能在运动训练过程中因为重心不稳而引起运动伤害。少了平衡感，会在生活中产生许多不便和受伤的风险。规律运动则可以改善平衡感和肢体协调性，像有氧运动中的跳跃、左右边的重复动作，都可以帮助我们训练动态平衡和左右肢体协调。而肌力训练中也有许多单边的训练动作，例如，单脚站立、分腿深蹲、弓箭步训练等，简单的动作有助于"动、静态平衡训练"和"肌肉的协调性训练"，让自己随时可以掌握身体重心，取得平衡不易跌倒。

3　负重训练，能促进骨骼强健

不论是男性还是女性，到了 30 岁，骨质就会开始一点一点地流失。尤其女性，过了更年期后，雌激素分泌减少，更会加快骨质流失的速度，容易有骨质疏松或骨折的问题，而钙质是骨质形成最主要的原料。如果你未满 30 岁，记得要把钙存好存满，有足够的"骨本"，日后才容易继续保持骨骼健康。如果你已经 30 岁了，也要补足钙质来预防骨质流失。可以多喝牛奶，吃奶酪、豆腐等富含钙质的食物来补足，再搭配晒太阳，体内就会生成维生素D，能帮助钙质吸收，提供骨骼充足的钙质来合成骨质。

但是提醒大家，千万不要在正中午晒太阳，除了会满头大汗、晒黑外，大量的紫外线也容易造成皮肤和眼睛的伤害。建议在早上或接近傍晚的时间外出运动。此外，"负重运动"对于骨骼保健也是很重要的，像机械式重量训练、徒手的阻力训练，或跳跃等，这类"抵抗重力的运动"可刺激骨质合成，加上饮食也有注意吃足钙、适时晒太阳获得维生素 D 的话，就有助于提升骨质密度。但这不代表 30 岁后骨质就会停止流失，而是"运动可以刺激骨质合成"，以填补流失的部分，所以要持续运动和补充营养，才能有效预防骨质疏松！

代谢综合征五大警戒指标

危险因子	异常值
腰围过粗	男性腰围≥90cm（35寸）　女性腰围≥80cm（31寸）
血压偏高	收缩压≥130mmHg　舒张压≥85mmHg
高密度脂蛋白 胆固醇偏低	男性＜40mg/dl　女性＜50mg/dl
空腹血糖值偏高	≥100mg/dl
三酸甘油酯偏高	≥150mg/dl

注　若3项或以上超标，即认定为代谢综合征；有任何一项则为代谢综合征高危险群。

4　促进代谢，远离代谢综合征

代谢综合征是糖尿病、心血管疾病等慢性病的前征。会引起代谢综合征的因素包含"缺少运动的静态生活综合征""高糖饮食""高油脂饮食""膳食纤维摄取不足""饮酒过量""胰岛素阻抗"等。可以参考第 31 页，从血糖、血压、血脂（三酸甘油酯）数值是否偏高，HDL 高密度脂蛋白胆固醇（好的胆固醇）是否偏低、腰围是否过粗来检视自己是不是代谢综合征的高危险族群。

运动可以促进血液循环，舒张血管，改善胰岛素阻抗性，帮助血压控制和血糖、血脂代谢，减少血液中 LDL（低密度脂蛋白胆固醇）的量，增加 HDL（高密度脂蛋白胆固醇）的量。LDL 在人体中负责运送胆固醇到周边组织利用，HDL 则负责将胆固醇带离血液。如果血液中 LDL 含量过高，容易有胆固醇堆积在血管壁上的风险，进而衍生血管硬化、血管阻塞等心血管疾病（这也是为什么太多 LDL 对身体不好），所以 LDL 俗称"坏的胆固醇"；而 HDL 多一点儿，可以帮助血脂（胆固醇）代谢，所以 HDL 被誉为"好的胆固醇"。运动为身体带来了这些改变，若再搭配饮食均衡，多吃蔬菜、水果来补充膳食纤维，帮助脂肪代谢，减少含精致糖的饮料、甜食、油炸食物和饮酒量，就能与代谢综合征保持安全距离。

5 排便顺畅和小肚子说再见

日常饮食中多选择全谷类、蔬菜和水果，以摄取到充足的膳食纤维，可以刺激肠道蠕动，使排便顺畅。若搭配规律运动，预防便秘的效果会更好。因为运动可以促进神经讯息的传递，刺激肠胃蠕动，而且若有训练腹部肌肉，也对排便时的腹部施力有所帮助。同时，运动也会分泌一些激素，缩短肠胃道运送食物的时间，帮助肠胃消化，进而使排便更顺畅。便便排干净了，才能和真实的腰围和腹部脂肪面对面，观察自己运动训练带来的身形变化。

6 改善睡眠品质，情绪稳定，思路更清晰

养成规律运动习惯，可以帮助我们缩短入睡的时间，加深睡眠深度和长度，减少半夜醒来失眠的情形发生。晚上好好休息，白天精神就会好，整体睡眠品质提升，思考和反应速度变快，工作效率自然也跟着提升了。另外，运动也可以帮助我们抽离工作忙碌的紧张状态。尽量拨一点儿时间去运动，可以帮助转移注意力，不再去烦恼工作或生活上的事情。而且运动时会刺激大脑分泌特定的物质，让人感到放松、愉快，有助于改善焦虑、忧郁的情绪。随着运动带来的体态、健康变化，会让自己拥有成就感，提升自信心。若持续运动，你会发现自己能够适时调整情绪，保持快乐、自信的正向心情！

认识基本营养素，帮助自己选择

营养学将食物分成六大类，有乳制品类、水果类、蔬菜类、全谷杂粮类、豆鱼蛋肉类、油脂与坚果种子类；而营养素也主要分成六大类，分别是具有热量，可以作为身体产生能量的巨量营养素碳水化合物、蛋白质、脂肪，和没有热量的水、维生素与矿物质。要控制好热量，就要认识三大巨量营养素。

碳水化合物 Carbohydrate（每克提供人体 4 千卡的热量）

存在于乳制品类、水果类、全谷杂粮类和蔬菜类等食物中。另外，甜食中的精致糖、加工食品中的甜味剂也属于碳水化合物。主要分为"可消化性碳水化合物"和"不可消化性碳水化合物"（也就是膳食纤维）。虽然膳食纤维无法被人体消化，但它是肠道细菌的食物，经细菌发酵后会产生含有大约 2 千卡的短链脂肪酸，能降低大肠中的酸碱度，帮助矿物质在大肠被吸收（特别是钙）。

当碳水化合物被人体消化吸收后，主要功能是可以提供能量、保护组织中的蛋白质避免因能量不足被分解、帮助脂肪代谢；而膳食纤维则可提升饱腹感、促进肠道健康、帮助血糖控制、降低肥胖风险。

蛋白质 Protein（每克提供人体 4 千卡的热量）

很多食材中都含有蛋白质，除了油脂和水果外，只是量多量少、品质高低的差异而已，如乳制品类、蔬菜类、全谷杂粮类、豆鱼蛋肉类、坚果种子类都含有蛋白质。只有动物性来源的食材才具有完整的高品质蛋白质，所以尽量以动物性来源的乳制品、海鲜、蛋和肉类食材为主来补充蛋白质。

蛋白质在人体中主要的功能是构建细胞、组织、器官等身体结构，也是免疫细胞、体内消化酶、激素、神经传递物质合成的重要原料，与我们身体的系统功能和免疫能力息息相关，次要才是作为能量来源。

脂肪 Fat（每克提供人体 9 千卡的热量）

存在于乳制品类、豆鱼蛋肉类、油脂和坚果种子类食物中，人体也可以合成脂肪酸，但唯有两种多元不饱和脂肪酸不行，必须依靠饮食摄取才能吃到，分别是 Omega-3 和 Omega-6 多元不饱和脂肪酸，有了这两种必需脂肪酸原料，人体就可以不断合成其他身体需要的脂肪了。Omega-6 多元不饱和脂肪酸多存在于大豆油、玉米油、芥花油等油品中，而 Omega-3 则多存在于鱼类，如鲭鱼、秋刀鱼、鲑鱼、鲔鱼、鳕鱼等食物中。另外，植物性食物的亚麻仁籽和亚麻仁油中不饱和脂肪酸含量也很丰富。

　　油脂可以增加食物的口感和香气，也对润滑肠道、排便有所帮助，在人体中除了提供能量外，也是构成细胞膜、身体组织结构和内脏脂肪的重要营养素。有适量的内脏脂肪包覆着器官，才可以缓冲我们平时活动、运动带来的冲击和碰撞，也帮助我们吸收其他脂溶性的营养素。你一定听过胖的人不怕冷，这可是真的！因为油脂在皮肤下层相当于一个温度绝缘层，可以帮助我们维持体温，所以皮下脂肪量不一样，感受到的外界温度可能也不太一样。脂肪就是如此重要，所以绝对不能不吃！

营养师小提醒

酒精其实也具有热量，每毫升酒精有 7 千卡左右的热量，但因为酒精不是人体必需的营养，所以不会鼓励大家喝酒，但因为具有热量，所以在控制热量时期也要留意饮酒量。

目前酒类的标示规范中没有要求营养成分，所以包装上通常不会有营养标示，我们不知道实际热量、营养素含量有多少。下方提供一个估算用的小公式，但如果是甜酒，例如梅酒、水果酒等，还会有碳水化合物的热量需要另计。

酒精的密度和一般食物不太一样，每毫升的重量约 0.789 克，所以在热量计算上需要乘上系数（0.789）来换算液体酒精的重量！

酒精容量（mL）× 酒精浓度（%）× 0.789（系数）× 7（千卡）= 酒的热量

增肌比减脂重要吗？

体脂肪由饮食中摄取过多的热量而来。据科学研究分析，身体只要摄取超过7700千卡的热量，就会增加1公斤的体脂肪。相反，要减少1公斤的体脂肪，就需要减少摄取7700千卡的热量。这就是许多人在减重、减脂期间要控制总热量的原因。然而，热量的摄取量会因个人体质、身高体重、基础代谢率、活动量等因素不同而有所差异，并不是一周都不吃东西，就会立马甩油1公斤。有时候反而因为热量摄取太少，所以才瘦不下来。在追求理想体态的路上，我们不能完全采用别人的方法，也不要和别人比较体重机上的数字，学会算出"适合自己状态的热量"和"三大营养素需求"才是最重要的。本章会说明如何计算专属自己的热量和三大营养素需求。

对于目标是减脂的人来说，有一个运动饮食的观念很重要。常有人说增肌比减脂重要，原因是因为肌肉增加，会提升基础代谢率，可以帮助消耗热量，让你吃多也不怕胖、躺着也能瘦。当然，"增肌可以提升基础代谢率"，但肌肉消耗的热量并没办法达到你想要的瘦身效果，或是减少体脂肪效果。

事实上，增肌和减脂是独立的两件事情，它们各自需要的饮食类型是截然不同的。增肌需要"增加碳水化合物"和"蛋白质"来帮助肌肉合成，在这样的情况下，一天的总热量需求会增加；但是减脂期间需要的是"控制总热量"，没有增加碳水化合物的需求，所以基本上要达到同时"增肌又减脂"非常困难，不如先选定一个目标，这样才会有好成效。如果是体脂过高的人（女生超过30%；男生超过25%），建议先从减脂开始，待体脂降至正常范围后（女生20%~30%；男生20%~25%），后续的增肌、身材线条雕塑效果才会更显著。

增肌必需的重量训练（阻力训练）对减脂也很重要，可以训练肌肉，也可以增加热量消耗，只要搭配正确饮食，就可达成训练目标。增肌者需要在运动前后补充碳水化合物和蛋白质，帮助肌肉修复和生长；而减脂者需要控制一日的总热量，不低于基础代谢所需热量，提供身体足够的营养，有助于减少体脂肪。

如果我们只会运动，不懂得吃，没有帮身体存入需要的能量和营养，可能会造成肌肉中的能量不足，反而在运动的时候消耗了肌肉组织的蛋白质，导致肌肉流失。这样，好不容易得来的肌肉，就在此时缩水了。而没有运动，只靠节食减少热量摄取，要长期维持是非常辛苦的。朋友邀约聚餐、享受下午茶时光总是无法出席，独自一人吃着水煮餐，这样才不是健康快乐的生活！

我们要学会规律运动，并搭配肌力训练或重量训练。增加肌肉量可以提升身体的基础代谢率，而要长肌肉，一天里所吃的总热量、巨量营养素（碳水化合物、蛋白质和脂肪）是关键，会运动又会吃才是王道。现在，就让我们来看看配合运动，到底要怎么吃才能达到理想的体态吧！

巨量营养素缺一不可，50—20—30很好记

抱着这本书的你，心里一定有为自己定下一个目标。是降低体脂肪吗？还是想要增加肌肉量，雕塑线条呢？

不论你的目标是哪一个，了解自己一天应该要吃多少热量是首要的任务，跟着营养师的步骤做，轻轻松松就可以算出来。

首先，要来分配巨量营养素的比例。因为碳水化合物、蛋白质和脂肪三者之间的关系密切，人体活动主要的能量来源是碳水化合物和脂肪，当碳水化合物摄取不足时，会分解蛋白质来合成碳水化合物，也就是前面提到的如果只会运动但不懂得吃，就可能造成肌肉流失。而且不论是肌肉还是大脑，要运作就需要碳水化合物，要代谢体内顽固的脂肪也需要它。

> **正确观念：足够的运动量＋正确的饮食＝理想身材**
>
> 运动会消耗热量，饮食则会增加热量，并带给身体维持生理机能与健康的营养素。

巨量营养素三角关系图

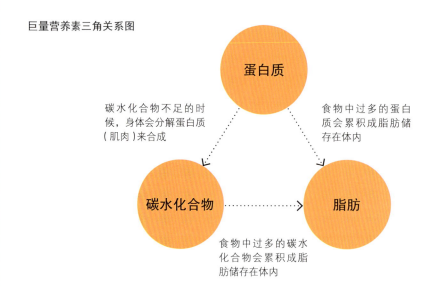

体内有过多的碳水化合物和蛋白质，会堆积成脂肪，所以并不是吃得越多越好。另外，人人畏惧的脂肪得之容易、舍之难，但又不能完全不吃，因为适量脂肪对健康的维持也很重要。没有油脂的话，我们的皮肤不会水嫩，排便也不会顺畅，缺乏时甚至会影响其他脂溶性营养素的吸收、身体激素的分泌。

这三种巨量营养素的比例会因为你的目标不同而有所差异，可以参考下表来安排。

目标	碳水化合物	蛋白质	脂肪
减脂（减重）(%)	<50	20~30	20~30
增肌（增重）(%)	50~70	15~25	10~30

如果不知如何选择，给你一个建议，每天碳水化合物吃足 50%，稳定提供身体活动所需的能量，蛋白质 20%，脂肪 30%。在这样平衡的比例下，有助于一步一个脚印向理想目标迈进。

有了这些比例，就能算出每天要吃多少巨量营养素。假设我一天的总热量需求是 2000千卡，以碳水化合物 50%、蛋白质 20% 和脂质 30% 比例来计算，就需吃碳水化合物 250克、蛋白质 100 克和脂肪 67 克。

饮食以原形食物为主，种类越丰富营养越充足

以前在做饮食建议的时候，常常有看起来肌肉训练量没有特别大的妹妹或阿姨跟我说，她们运动后都会泡乳清蛋白来喝。

如果你也跟她们一样认为有运动就要喝乳清来补充蛋白质的话就错了！除非你是健美先生、金刚芭比或是专业运动员，不然对于一般运动量来说，在正餐和运动后吃足原形食物来补充蛋白质会更好！营养补充品虽然方便携带，吸收又快速，但相较原形食物只含有特定单一的营养素。如果我们吃肉来补充蛋白质，还可以获得矿物质铁和锌；吃豆腐补充蛋白质又补钙，可以帮助肌肉收缩；吃全谷类食物除了补充碳水化合物，还有可以补充保健肠道的膳食纤维、帮助代谢的 B 族维生素。每种原形食物的营养素含量不太一样，种类吃得越多，摄取的营养素越多元。这些微量营养素是帮助我们恢复体力、提升运动状态的好帮手，比起昂贵的营养品，吃原形食物更好些。为了让大家在运动后可以立即补充营养，本书食谱都是 Eason 老师精心设计可以方便快速备餐的料理呢！

选对优质的完全蛋白质食物是关键

看到这里，你应该已有"蛋白质要吃够才会长肌肉"的观念了，但哪些食物含有完全蛋白质呢？我们常说的蛋白质，其实是由 20 种氨基酸组成的营养素，其中包括多种非必需氨基酸和 8 种必需氨基酸，而"完全蛋白质"指的是含有完整 8 种必需氨基酸的蛋白质，缺少任何一种都不行。

而这 8 种必需氨基酸人体无法自己制造，需要从食物中摄取。运动后不管是想增肌、减脂或者减少疲劳，我们都需要完全蛋白质，这是确保肌肉合成、维持身体机能正常运作的关键。

　　全谷类、坚果等食物中也含有蛋白质，但不会是我们补充蛋白质的首选食材，因为在相同重量下，肉类可以提供的蛋白质量和品质远远胜过它们，而且完全蛋白质大部分来自动物性食物，也就是肉、蛋和乳制品。少数植物性食物像大豆、豌豆等也会有完全蛋白质，这些才会是我们要选择的优质蛋白质食物。

运动后的黄金时机需补充蛋白质 + 碳水化合物

　　在运动后立即补充碳水化合物和蛋白质，比起运动后 2 小时再补充，身体将碳水化合物化作肝糖存入肌肉组织的量可达 3 倍之多，对于体力恢复和能量储存有很大的成效，而肌肉蛋白质合成量也明显增加许多。这项研究告诉我们运动后尽快补充碳水化合物和蛋白质的重要性。但是，想要维持良好的运动品质，有足够体力才能拉长运动时间，消耗更多热量、给肌肉更多的刺激，所以视自己的运动量与运动中的状况，可以评估是否需要运动前、中、后的营养补充。

掌握运动前、中、后的饮食原则

在 进入运动饮食指南之前，我们先来认识一个在体内帮助营养代谢、储存能量的物质——胰岛素，它是帮助饭后血糖下降的。当吃完饭、血糖升高的时候，胰岛素就会出现，促进血液中的血糖转化成肝糖，存入肝脏和肌肉组织中，它和脂肪有着密不可分的关系。胰岛素主要有以下两个功能：

储存能量

1 把血糖送往肝脏转化成肝糖，储存在肝脏和肌肉中。

2 促使肝脏把存不下的血糖转化成脂肪酸，送往身体各处有脂肪细胞的地方囤积。

3 促使氨基酸进入肌肉组织中，帮助肌肉合成。

4 促使血液中的脂肪酸转化成脂肪储存。

抑制能量分解

抑制脂肪分解。

在我们吃下食物后血糖上升时，胰脏就会分泌胰岛素，通过血液把胰岛素运送到各个细胞。我们的细胞表面有着可以接收胰岛素的感应器，就像电铃般，当胰岛素来按门铃的时候，细胞就会打开大门，不同功能的细胞就会开放血液中不同的营养素进入细胞中。一般的细胞都会需要葡萄糖作为生产能量的原料，所以一定会有可以让血糖进入的大门。当血糖进入细胞后，血液中的糖量就会相对减少，血糖值自然就会下降；而合成肌肉的细胞，还会有氨基酸可以通过的大门，脂肪细胞上也会有脂肪酸可以进入的大门。胰岛素就是如此扮演着信使的角色，把营养素都顺利地送进细胞里储存使用。

所以在胰岛素正常分泌的情况下，规律运动、健身，食用足够蛋白质和糖类的话，可以给肌肉补充充足的糖分和蛋白质，防止肌肉流失，并增加肌肉的合成量，让我们在运动的时候不会一下子就累。

但如果细胞表面的门铃没电、铃声变小了，会发生什么事呢？细胞可能就不会发现胰岛素来了，我们在医学上称作"胰岛素阻抗性"，也就是细胞对胰岛素的敏感度降低，不知道胰岛素带着血糖来了，大门就不会开启，血糖只好继续在血液里流浪，没办法进入细胞，血糖数值无法下降，造成高血糖。

健康饮食搭配规律运动能改善胰岛素敏感性

造成胰岛素阻抗性的原因有很多种，普遍是因为肥胖、体脂或血脂过高，影响了细胞对胰岛素的敏感性，其他会损及细胞的疾病、药物、压力等也都有可能造成胰岛素阻抗。当血液中的血糖迟迟没有减少，认真负责的胰脏就会觉得是自己不够努力，胰岛素分泌得不够多，进而持续分泌胰岛素来帮助血糖进入细胞。

如果长期都需要靠这样分泌很多胰岛素才能降血糖的话，会带给胰脏很大的负担，甚至衍生出血糖异常、糖尿病或其他代谢相关慢性疾病。这时候，就需要医师和营养师协助，靠饮食控制和运动来改善肥胖和胰岛素阻抗。例如，控制热量和碳水化合物量能减少吸收进体内的葡萄糖量，减少胰岛素的分泌需求，让胰脏可以好好休息；再搭配运动，就能有效减重、帮助体脂下降。也有研究指出，运动有助于改善胰岛素敏感性。

简单来说，在代谢正常的情况下，胰岛素就是守护我们对抗粮食危机的信使，帮助我们储存能量，不论是肝糖、氨基酸，还是脂肪酸，通通存起来。而且还会担心我们明天没有粮食，把今天多吃的碳水化合物也都变成脂肪存好，避免未来没有能量可以使用。于是，要和这个热心的信使好好相处，就要学会控制热量，把握营养摄取的时机。

运动前的饮食原则

【目标为增肌者】

1 热量 200 千卡左右。

2 以碳水化合物为主，蛋白质为辅。

3 1~2 小时前以低 GI 的碳水化合物（淀粉类食物）为主，0.5~1 小时内可选择液态、较高 GI 的碳水化合物为主。

【目标为减脂者】

如果没有空腹太久，可以不用补充。

运动前补充碳水化合物，可以让血液中有充足的血糖，当肌肉收缩耗尽原本存在肌肉里的肝糖时，就可以利用血液中的糖分来维持运动，不会运动一下就没力，让你保持较长的运动时间；也不会因为能量不足而分解肌肉的蛋白质，可以有更好的肌肉训练效果！

运动前 1~2 小时则建议选择低 GI 的淀粉类食物，像全谷杂粮、面包、饼干等，因为低 GI 的碳水化合物消化所需时间较长，经过 1~2 小时刚好要运动的时候，体内就会有充足的糖分可供肌肉运动使用。反之，运动前 0.5~1 小时建议选择液态、较高 GI 的食物，像果汁、含糖饮料等，吸收较快可即时供应运动所需能量。如果你不想要只是糖分，选含有一些蛋白质或其他营养素的食物也可以，如牛奶、含糖豆浆、优酪乳等，让身体有更多的营养补给。另外，建议不要选容量太大、含有气泡的饮料，这样在运动的时候肠胃里可能有太多液体或胀气的问题，造成身体不适而影响运动品质。

但如果我们的首要目标是减脂，只要没有空腹太久或血糖太低的话，是可以不用补充的。例如，傍晚下班后要去运动，午餐有吃含碳水化合物，如饭、面、面包、比萨、地瓜、南瓜、玉米等淀粉类食物的话，经过下午的消化，身体里就会有足够的能量可供运动所需。但如果午餐分量几乎没有吃到碳水化合物，建议参考给增肌者的建议，运动前补充一点儿，让自己有足够的能量进行运动。就像我们前面理解的，补充碳水化合物会让胰岛素出现，抑制脂肪分解，但热量还是会消耗的，这点倒不用担心。

切记！绝对不是不吃碳水化合物。

运动需要碳水化合物提供能量，脂肪分解的过程也需要碳水化合物的帮忙，肌肉合成需要胰岛素参与，所以还是要吃含碳水化合物的食物，只要控制一整天的分量就好！

运动中的饮食原则

1 轻度运动量→运动时间小于 1 小时，补充水分不口渴即可。

2 中度至重度运动、中高强度运动量→运动时间超过 1 小时，例如，慢跑、拳击、有氧运动等，建议每小时补充 400~600mL 的液体，含有一点儿碳水化合物更好，例如，运动饮料、能量胶等。

除了补足营养，运动时的补水也很重要

运动时，人的体温会上升，身体流汗会流失水分，而这些汗水主要来自血液，当血液的水分流失过多，输送氧气的功能就会下降，这时候我们的心脏只能越跳越快，想办法挤出更多氧气提供全身细胞利用。也因为这样，我们在缺少水分的状况下继续运动，会觉得又累又喘，不仅训练效率下降，甚至会产生不舒服的感觉。

那么，喝运动饮料会不会比较好？一般来说，如果是长时间运动，又是中高强度，有明显的喘和大量流汗的话，超过 1 小时以上才会需要补充运动饮料。运动饮料的主要成分除了水和电解质以外，也有一定的糖和热量，若运动没有到达一定强度，补充运动饮料就有可能会增加热量的摄取。至于较缓和的有氧运动、走路或低强度的阻力训练，则补充水分就足够了，不需要特别喝运动饮料。

建议平时可以观察一下自己运动后的尿液颜色，如果是深黄色、黄褐色，代表自己运动时、运动后的水分摄取不足，记得运动时多补水，这样不仅帮助身体降温、让我们舒适地运动，也补充血液中的水分，将运动中产生的代谢物和尿液一起排出。

很多人会在运动后测量体重，也许会少些重量，但其实这时候减少的大部分是体内水分的重量。

运动后的饮食原则

【目标为增肌者】

蛋白质与碳水化合物摄取比例 1 ：（2~4）克。

蛋白质摄取量为 0.25~0.3 克／千克体重（女生 15~20 克；男生 20~30 克）。

【目标为减脂者】

以蛋白质为主。

蛋白质摄取量为 0.25~0.3 克／千克体重（女生约 20 克；男生 20~30 克）。

要有增肌效果，只补充蛋白质是不够的！

运动（阻力训练）后肌肉合成作用提高，这时候尽快补充蛋白质可以帮助肌肉修复。有研究指出，运动后补充 0.25~0.3 克／千克体重的蛋白质量，有较好的肌肉修复效果，还能帮助恢复体力。但是只有蛋白质对于"长肌肉"是不够的，运动后补充碳水化合物召唤胰岛素很重要，有了胰岛素才可以帮助我们将更多氨基酸送往肌肉组织中，进行"肌肉修补"和"新合成"作用。

除此之外，身体经过一段时间的运动后，肌肉因为反复收缩而呈现疲劳状态，肝糖也被耗尽，如果没有及时补充碳水化合物，很容易让身体的疲劳延续到隔天，甚至影响到下一次的运动。胰岛素会帮我们将肝糖存入肌肉组织中，下一次运动时肌肉中就有能量可以使用，

也才有足够的力量进行训练。如果二头肌弯举几下，肌肉肝糖用尽就没力了，这样可是很难达成训练目标的。

所以，摄入足够的蛋白质，搭配一些碳水化合物，不仅可以满足长肌肉的需求，还可以为下一次的肌肉训练储备能量。不过，在外面要买到只有蛋白质的食品真的有点儿困难，如果含有一点儿碳水化合物和油脂还是可以接受的，以满足蛋白质需要量 0.25~0.3 克／千克体重即可。你可以参照本书食谱中的三大营养素来找富含蛋白质的料理。

运动前后低脂肪，把热量保留给重要的营养素

大家有没有发现，这些运动前、中、后的建议里都没有特别提及脂肪量。其原因是脂肪的热量比较高，脂肪含量高的料理需要的消化时间比较长，吸收也变慢，会影响其他营养素的吸收速度，目前也没有摄取脂肪可以帮助肌肉合成的相关研究。在运动前后，我们光是吃足蛋白质和补充碳水化合物就已经摄取不少热量了，如果我们一整天要摄取的热量有限，不论是要减脂或增肌，运动前后尽量选择脂肪含量比较低的食物，把热量留给蛋白质或碳水化合物才有较好的运动成效。

运动外食怎么挑

运动和饮食控制期间，如果能够自己下厨做菜是最佳选择，但对于没时间的上班族来说，运动前、后也可选择超市食物来补充。挑选外食时，有营养成分表可以作参考，计算热量十分方便，以下依据"运动前、后"以及"男、女性"所需的营养素及热量为大家推荐一些食品选项。

运动前补充
总热量200kcal左右，有足够时间消化的餐点

食用时间	运动前1小时	运动前1小时	运动前1~2小时	运动前0~1小时	运动前0~1小时
餐点组合	烤地瓜／蒸地瓜	芋泥吐司	软质水果+优酪乳	鲜奶茶	每日C柳橙汁
补充说明	160g左右		优酪乳200mL	鲜奶茶375mL	柳橙汁410mL
热量（kcal）	189	212	87+103=225	178	177
蛋白质（g）	2.1	5	1+4.8=5.8	6.2	2.9
碳水化合物（g）	44.5	44.3	24.3+19.6=43.9	21.6	41.4
脂肪（g）	0.3	2	0.2+0.6=0.8	7.4	0

运动后补充 女性增肌

蛋白质 15~20g，总热量 400~500kcal，碳水化合物 60~80g

餐点组合	大麦汤 + 猪肉奶酪堡	地瓜牛奶 + 温泉蛋 2 个	含糖豆浆 + 三角饭团
补充说明		地瓜牛奶 375mL	豆浆 450mL
热量（kcal）	173+215=388	216.2+239=455.2	256+222=478
蛋白质（g）	12.8+10.1=22.9	6.8+15.6=22.4	15.8+6=21.8
碳水化合物（g）	22.4+24=46.4	40.5+17.8=58.3	28.8+36=64.8
脂肪（g）	3.6+8.7=12.3	3+11.7=14.7	8.6+6=14.6

运动后补充 女性减脂

蛋白质 20~30g，总热量 200kcal，碳水化合物尽量少一点儿

餐点组合	匈牙利香草烤鸡腿	五香卤猪脚 + 蒸蛋汤	辣椒鸡汤 + 茶叶蛋
补充说明			
热量（kcal）	187.7	127+135=262	117.6+70.5=188.1
蛋白质（g）	19.8	7.2+11.9=19.1	16+6.85=22.85
碳水化合物（g）	2.9	3.2+5=8.2	2.7+1.1=3.8
脂肪（g）	10.8	9.5++7.5=17	4.8+4.55=9.4

运动后补充　男性增肌

蛋白质20~30g，总热量600~750kcal，碳水化合物72~100g。可以更多，视运动量调整

餐点组合	迷迭香烤鸡彩便当 + 茶叶蛋 + 优酪乳	炙烧鸡肉双拼 + 茶碗蒸	健身鸡肉餐盒 + 麦芽牛奶
补充说明	优酪乳200mL		麦芽牛奶400mL
热量（kcal）	414+70.5+147=631.5	660+78=738	446+279=725
蛋白质（g）	17.3+6.85+8.5=32.65	22.2+7=29.2	26.4+7.2=33.6
碳水化合物（g）	63+1.1+22.5=86.6	91.3+2=93.3	58+40=98
脂肪（g）	10.3+4.55+2.8=17.65	22.9+4=26.9	12+10=22

运动后补充　男性减脂

蛋白质20~30g，碳水化合物尽量少一点儿

餐点组合	意式经典嫩鸡胸 + 香辣卤牛肚	烤三角骨 + 蒸蛋汤	黄金豆腐+鸡蛋+蔬菜+ 杏鲍菇+无糖豆浆
补充说明			特浓豆浆375mL
热量（kcal）	156+48.2=204.2	182.9+135=317.9	125.2+61+7.5+ 17+186.4=397.1
蛋白质（g）	24.5+6.8=31.3	23.7+11.9=35.6	9+5+0.6+19.1 =33.7
碳水化合物（g）	5.6+2.1=7.7	6.5+5=11.5	4.3+1.2+1.2+2.6+ 7.9=17.2
脂肪（g）	4+1.4=5.4	6.9+7.5=14.4	8+4+0+0.2+9.8 =22

用饮食调整运动后的身体小状况

运 动中或运动后，可能会出现一些身体上的小状况，例如，延迟性肌肉酸痛、扭伤或拉伤、头晕无力、体力特别差、贫血、抽筋、关节不适、注意力不集中等，但是别紧张，这些可以通过饮食来调整。

你可以选择多样的天然食物来补充，能帮助减缓发炎反应，或让肌肉更快地修复，又或者是好好地增加所需能量，并且可以对应书中示范的运动料理为自己下厨，做好每一次运动前后的营养管理。

状况 A >>> 延迟性肌肉酸痛

运动完隔天起床的时候总是觉得全身无力，起不了床、下不了楼梯。明明昨天运动完还神清气爽，为什么今天突然变严重了呢？这个状况是大家都会经历过的"延迟性肌肉酸痛"。

因为我们运动的时候，承受超过平常的压力，可能会造成肌肉与神经轻微的撕裂、受损，也因为这样，肌肉才会进行修补的动作，长得更茁壮。而延迟性肌肉酸痛可以算是肌肉成长中的副作用吧。通常这个状态会从运动后的隔天开始，持续 2~3 天，虽然不会对生活造成太大的影响，但也可以通过饮食来改善。

书中推荐料理

尼斯风味煎鲑鱼沙拉

泰式柠檬鱼

鲜虾马铃薯煎饼

1 运动后快速补充足够的碳水化合物＋蛋白质可以帮助肌肉更快恢复，所以搭配米饭、面、面包的食谱是最适合的。

2 鱼油中的多元不饱和脂肪酸可以帮助我们减缓发炎反应，对肌肉酸痛也有缓解效果，可以选择主要蛋白质来源是鱼肉的料理。

状况 B ＞＞扭伤、拉伤

同样是肌肉，但如果是在运动中突然猛烈、剧烈疼痛，那可能就是拉伤、扭伤了，这时候身体会产生比较急性的发炎反应，需要休息并及时就医。不过受伤休息的这段时间，吃对了可以让我们更快回到运动场。

1 足量的优质蛋白与锌可以帮助伤口更快愈合，所以牛肉、猪肉料理特别适合。

2 植化素具有抗氧化、抗发炎的功能，不同颜色的蔬菜含有不同的植化素，除了常吃的绿色蔬菜，可以搭配一些番茄、玉米笋、甜椒、木耳、洋葱等其他颜色的蔬菜。

书中推荐料理

韩式烧肉粉条

酱烧牛排铁锅拌饭

鲜虾贝壳面

状况 C ＞＞头晕无力

下班或放学后匆匆忙忙跑到健身房或操场，却发现动一动就开始头晕，那应该就是你运动前吃错了！有时候我们血糖控制不好，吃到容易影响血糖的食物时，会造成运动时反应性低血糖。所以，别忘了运动前的小点心要提早吃，选择低 GI 的食物为佳。

丰富、低 GI 的碳水化合物是最佳的运动前补给，地瓜、马铃薯、全麦面包等都很不错，也可以先把料理做好带到公司，下午时段享受一个美味的下午茶。

书中推荐料理

鲜虾马铃薯煎饼

松露蕈菇蔬菜豆乳汤

玛格丽特吐司比萨

状况 D >>> 体力特别差

平常明明运动 1~2 小时都不会累，为什么今天才运动半小时就累了呢？这时候可以先从饮食开始调整！别忘了运动时最需要的能量来自碳水化合物，运动后如果没有补充足够的碳水化合物可能会让身体更容易疲劳，运动前也没有给肌肉补满能量的话，确实有可能运动到一半就觉得虚脱无力。

1 再忙都别忘了补充碳水化合物。例如，水果、面包是非常适合随身携带的运动前补给品。

2 碳水化合物：蛋白质（2~4）：1是最适合运动后补充能量的比例，最近特别累的话，别忘了看看料理中主要的碳水化合物食材，多加一点儿把能量补足。

书中推荐料理

罗勒番茄鸡柳天使冷面

松露法式吐司

越南三明治

相信我们都有抽筋的经历，抽筋跟电解质失衡相关，电解质会随着我们汗液流失，平常没吃饱、运动强度高、运动中没补充水分和电解质都可能发生抽筋现象。如果你常抽筋，那平日的饮食就一定要特别注意钠、钾、钙的补充。

1 钾离子补充：蔬菜、水果含量高，但是钾离子是水溶性的，如果平常习惯吃水煮青菜，可试着把一部分的烹调方式改为油炒，油炒蔬菜能保留更丰富的钾离子。

2 钠离子补充：钠主要的来源是饮食中添加的盐，现代人大部分只有吃太多没有吃太少的问题。不过进行长距离的运动（如马拉松）时，可以考虑在赛中补给一些盐。

3 钙离子补充：我们最容易忽略的就是钙，钙最主要的来源是乳制品，一天大概要喝到 2 杯（240 毫升 / 杯）鲜奶才能达到标准，如果平常没喝鲜奶的习惯，饮食上就可以特别摄取一些含有奶酪、优格、豆类、深绿色蔬菜的料理，以此来帮助我们轻松补充钙质。

书中推荐料理

马铃薯溏心蛋沙拉

松露炖蛋普切塔

玛格丽特吐司比萨

运动难免会有运动伤害，有时候姿势错误，长期下来也可能造成关节、软骨的不适。胶原蛋白是修补肌腱、韧带、软骨的重要素材，可以对关节的保护达到一定的效果。

不过营养师要特别提醒，"食物中的胶原蛋白"是没有效的，因为食物中的胶原蛋白吃进去经过消化、分解以后在体内没办法达到胶原蛋白的功效，所以别拼命吃猪皮、海参等。此外，降低体重体脂也能让身体的负担变小，减少关节压力。遇到这种状况时，蛋白质比例高且低热量的料理是比较理想的选择。

书中推荐料理

鲜虾马铃薯煎饼

菲律宾柠檬烤鸡腿

越南生牛肉河粉

状况 G>>>贫血

常常跑步运动的人，是否会觉得跑了几个月，怎么越跑越没力呢？试着回想一下，上一次站一整天的时候，是不是觉得脚特别肿胀不舒服呢？当我们长时间站立，体液会因为重力的关系往下半身蓄积，而脚底板的血管又比较脆弱，如果常常跑长距离，重复地踩踏，更容易造成红细胞受损，所以平常饮食别忘了多补充制造红细胞所需的 4 种营养素：维生素 B_6、维生素 B_{12}、叶酸、铁质。

书中推荐料理

酱烧牛排铁锅拌饭

炉烤牛排佛卡夏

马铃薯炖肉

1 维生素 B_6、维生素 B_{12}、叶酸补充：大部分存在于全谷类、动物内脏、坚果和肉类中，搭配米饭、面类的时候别忘了选择糙米、五谷米、意大利面等，就可以轻松地补充到 B 族维生素的这几项营养素。

2 铁质补充：除了跑步的人之外，女生也要特别注意摄取足够的铁，动物性的铁质比植物性的铁质好吸收，而红肉又含有较多的铁质，运动后的主餐就让我们一起享受牛肉或者猪肉料理吧。

状况 H >>注意力不集中

如果觉得心不在焉、较难进入运动状态时，那么运动前有一些小技巧能让你更快进入状态。可以试试含有咖啡因的食物，因为咖啡因可以提振精神，提高使用脂肪作为能量的效率，国外有许多职业选手在赛前也都会来一杯美式咖啡。

含咖啡因的食物：咖啡、茶、巧克力、能量饮料、可乐等。以超市咖啡、茶来说，差不多一大杯的量就足够了，建议在运动前 1 小时饮用。下次试试看，在下午茶时间或刚下班准备搭车的时候走进超市买杯咖啡，让我们更完美地利用运动时间，提高运动成效！

营养师小提醒

运动中的水分补充也很重要，有些人会忽略这个部分！当我们身体流失 3% 的水分时，血液的流量会变少，这时候就需要加快心跳来提供足够的氧气，而心跳一快，也会更喘。当然，除了水分补充之外，也可能跟我们本身的心肺耐力有关，足够的血流量、红细胞是维持心肺能力的必要条件，这部分的饮食调整与贫血类似，一样要注意维生素 B_6、维生素 B_{12}、叶酸、铁质的补充。

好吸收的铁质一般来自牛肉、猪肉，建议平常午晚餐最少要吃一块掌心大小的肉类。虽然营养师建议的肉类选择顺序是鱼、海鲜 > 鸡鸭鹅 > 猪牛羊，但为了补充足够的铁质，我们还是不能错过红肉，可以每周 2~3 天吃富含铁质的红肉料理，如书中的"酱烧牛排铁锅拌饭""炉烤牛排佛卡夏""姜烧猪肉板豆腐"都是很好的补铁菜单。

如何正确运用运动补充品

开 始讲补充品之前，请大家一定要把这句话记在脑海中：
"Food First, Supplement Second."

翻译成中文就是："食物永远是最优先的，补充品是在特定时间有需要才使用。"为什么这么说？因为运动补充品是为了某些特定时机设计的，符合方便性、独特性的产品，但与食物相比，它没办法为我们提供全面的营养。例如乳清蛋白很方便提供高品质、大量的蛋白质，但是与牛奶相比，乳清蛋白并没有牛奶那么丰富的钙质，如果以乳清蛋白取代牛奶的话，长期下来钙质可能会严重摄取不足。所以使用运动补充品之前，千万别忘了天然食物的美好。

那么，运动补充品到底好在哪？如果想用的话，该选择哪一些呢？以下整理出关于补充品的功效以及适合时间点的资料。

市面上的运动补充品非常多，相信每次看到都对功效有点儿半信半疑吧？别担心，我们可以将常见的运动补充品分为 A、B、C 组，分别是：

A 组：经过许多研究证实有确切的功效

B 组：应该是有效，值得做更多的研究，目前在特定情况下建议运动员可以使用

C 组：违法的，可能有禁药或身体健康疑虑，不可使用

整体来说，真的要使用运动补充品的话，可以先试试 A 组中的这几种，至少是经过许多实验安全又有效的补充品。而 A 组中可以先简单分成三大类，包含运动食品、医药补充品以及运动增补剂。

关于运动补充品，还要跟大家分享一个小故事，也许你听完这个故事，就会了解"Food First, Supplement Second."这句话的重要性了！

三四年前，有一位教练跑来找我讨论饮食。身为教练，又是健身工作室的负责人，对饮食当然要更要求一点儿，所以他很认真地算出了每天要吃多少碳水化合物、蛋白质、脂肪，并且想要严格、准确地执行，下载计算热量跟营养素的 App，每吃一样东西就登记在 App 上。每天早上开心地吃，中午小心地吃，下午茶谨慎地吃，因为可能有一项营养素很接近标准了！到了晚餐，发现糟糕，某一项营养素达标，但其他两样还没吃足。怎么办？食物中好

像很少有"纯粹"的营养素，所以缺少蛋白质的时候就吃乳清蛋白，缺少碳水化合物的时候就喝运动饮料，缺少油脂的时候就直接吃椰子油。后来教练越吃越习惯，觉得太方便了，连午餐都开始使用补充品，让他可以更精准地追求"数字"。

运动补充品A组

类别	产品	使用原因/功效
运动食品	运动饮料 能量棒 能量胶 电解质补充品（例如，盐） 蛋白质补充品（例如，乳清蛋白） 液态代餐	主要是在匆忙的状况下，吃食物会造成肠胃不适，或者需要更大量、密集的营养时可以选择这些运动食品
医药补充品	铁质补充剂 钙质补充剂 维生素D补充剂 综合维生素/电解质补充品 ω-3不饱和脂肪酸	运动员常缺乏的营养素，主要是预防或治疗缺乏症状发生，帮助运动员维持身体机能 ＊建议询问营养师或相关医务人员后再使用
运动增补剂	咖啡因	减缓疲劳感，让我们维持更久的运动状态。以路跑来说，也许平常跑1小时就累了，但是咖啡因可能帮助你多撑几分钟
	肌酸	在短时间高强度的运动中可以加快恢复，帮助我们多做几次高强度重复的动作。可以想象成做重量训练的时候不会让你瞬间举更重，但经过短暂的组间休息后可以多做几下
	硝酸盐（NO_3^-）	在耐力型运动上，可以让身体消耗更节省，帮助提升整体的运动总量（对非精英运动员较有效）
	Beta-alanine	主要是针对持续时间在60~240秒的高强度运动（如重量训练、间歇冲刺），平衡无氧运动产生的酸碱值变化问题
	碳酸氢钠（小苏打）	主要针对1~7分钟的高强度运动（如反复的高强度冲刺），一样是借由改善运动中产生的酸碱值变化问题来维持运动表现

A组使用时机与建议使用方式

类别	使用时机	分量
运动饮料	超过1小时的运动中或运动后	男生：600mL以上/小时 女生：400mL以上/小时
蛋白质补充品	运动后或蛋白质严重摄取不足时	一般乳清蛋白1份蛋白质含20~30克，单次补充1份即可
咖啡因	运动前约1小时	超市美式咖啡1杯、能量饮料1罐、茶1杯
肌酸	1.一代肌酸（水合肌酸）：每天补充，无特定时间，但建议与碳水化合物一同摄取 2.二代肌酸（烯酯化）：约运动前1小时内补充	依各品牌包装标示补充，一代肌酸有填充期，前几天需使用较高分量

结果慢慢地，教练开始觉得胃口越来越小，精神越来越差，到后来甚至有一些厌食症的状况。为什么会这样呢？因为补充品是单一的营养，当替换掉太多食物，我们的维生素、矿物质可能就缺乏了，而食物除了营养均衡、丰富之外，其实还有另外一个好处。想象我们每次吃美食的时候都要细嚼慢咽，进到肠胃后还要花时间消化，我们体内各个消化器官需要分工合作，将食物一步一步地消化、吸收。如果长期补充大量好吸收的补充品，体内器官渐渐就松懈了，开始觉得不用这么努力工作，胃也不用塞进那么多食物，所以就容易产生消化不良、食欲不佳的问题。

所以千万别忘了，饮食一定要先从食物中选择，等到适当、需要的时机再使用运动补充品！

减重饮食法对于生理机能的
影响与执行建议

7

这 几年，不同的"瘦身或减重饮食法"总是引起风潮和讨论，所以我也常被问道："我能不能进行间歇性断食啊？""营养师，听说生酮饮食瘦得很快，能否帮我制定一个生酮饮食菜单？"

这些饮食法一直都是我们特别感兴趣的话题，不知道怎么吃的时候就上网查一下"减重饮食法"，相信马上就会有一堆资讯跑出来，看起来很酷，却不知道到底适不适合自己。以下就分类常见的减重饮食法，并且简单讲解每个饮食法的特色与执行方式！

A 均衡饮食（适合所有健康的人）

一开始一定要先从均衡饮食介绍，只要均衡地吃，控制好分量，其实是最健康又轻松瘦的饮食法！我们可以从 6 句口诀快速学会该如何分配食物以及如何吃到适合的量。

1. 每天早晚一杯奶
2. 每餐水果拳头大
3. 菜比水果多一点
4. 饭跟蔬菜一样多
5. 豆鱼蛋肉一掌心
6. 坚果种子一茶匙

日常食物就是分成这六大类。特别提醒，乳品类除了蛋白质之外，可以提供我们非常丰富的钙质，如果平常喝鲜奶会不舒服，也可以选择优酪乳、优格或者奶酪等发酵过的乳品（发酵过程会减少乳糖，减轻乳糖不耐症的不适）。照着这个口诀吃，就能达成均衡、健康的饮食模式。

接下来再依序介绍其他瘦身饮食法。其实，各种瘦身饮食法都可以从均衡饮食延伸，可能是调整营养素的比例，或者是用餐的餐次。首先，我们从调整营养素比例的低碳饮食、生酮饮食开始吧！

B 低碳饮食（适合不想花太多时间计算饮食的人）

低碳饮食是相对容易执行的瘦身饮食法，主要是借由减少碳水化合物的摄取，控制胰岛素的分泌。如前所述，胰岛素掌管着身体的合成作用，碳水化合物、能量过多导致血糖过高

书中的低碳料理

菲律宾柠檬烤鸡腿

鱼露炒牛肉空心菜

松露奶酪欧姆蛋

卡布里鸡肉沙拉

时，胰岛素就会将血液中的血糖赶进细胞里储存，而平常最容易存放能量的地方就是脂肪，所以胰岛素分泌越多就越容易造成肥胖，控制好胰岛素就是减重的关键之一！

如何执行低碳饮食？

食物中含有较多碳水化合物的是全谷杂粮类（米饭、面、根茎类等）以及水果类，如果我们想要进行低碳饮食，只要每餐少吃 1/2~1/3 的米饭、一天少吃一餐水果，同时多吃一点儿豆鱼蛋肉类，让我们可以达到适当的热量、饱足感，同时也减少碳水化合物的比例。我们可以翻开书本后面的食谱，看看蛋白质含量较高、碳水化合物较少的料理，多选择这些料理就能轻松执行低碳饮食了。

低碳饮食有缺点吗？

低碳饮食比较没有明显的缺点，所以适合大众，只是豆鱼肉蛋类需要吃较多，每餐的成本可能会比较高！另外，米饭的分量还是要维持一半以上，不然碳水化合物过少也会造成肌肉无力，影响运动训练。

C 生酮饮食（适合需要"非常"快速瘦身的健康人）

生酮饮食可说是近几年最热门的瘦身饮食法，是短期内可以瘦得最快速的瘦身饮食法！生酮饮食一整天摄取的碳水化合物不高于总热量10%，并且需要吃高达70%的油脂，利用这种跟均衡饮食法可以说是完全相反的营养素比例，强迫身体应用脂肪作为主要能量，达到快速减脂的效果。

如何执行生酮饮食？

生酮饮食法为了维持极低的碳水化合物量，平常的米饭、面、地瓜、面包等淀粉类都不能吃，连水果都要特别挑莓果类（而且还不能吃太多），每餐需要吃到更多的肉，并且选择油脂较多的烹调方式。饮食以猪肉、牛肉或者高脂的鱼类为主，搭配酪梨、椰子油、橄榄油等，基本上就是中高脂肪的肉开心吃，然后彻底忘掉米饭的美好！相对来说，如果是外食族会较难执行生酮饮食。

生酮饮食有缺点吗？

越极端的饮食法通常有越多需要注意的地方，如生酮饮食因为极低的碳水化合物，会让肌肉中肝糖的储存量减少，如果进行高强度运动可能会发生无力的状况。所以如果你正在吃生酮饮食，别忘了把原本的训练课表强度下降一点儿，才能避免运动伤害！以营养师的经验来说，运动能承受的强度大概只剩下 6~7 成。另外，因为要吃进将近 2 倍的肉类，成本一定会比较高，是正常吃饭的 1.5~2 倍，所以可能要先看看这个月的饮食预算够不够。

最后一定要特别提醒，生酮饮食不适合有血压、血脂、肾脏病的人！如果有这些疾病可能会让病情恶化，所以如果想要执行生酮饮食，建议可以先到医院做个体检，顺便询问营养师自己适不适合。

D 16：8 间歇性断食（适合大部分的人，但胃食道逆流、运动时间较不固定者需注意）

16：8 间歇性断食是改变"用餐餐次"的饮食法，顾名思义就是指一天 24 个小时再拆分为"不进食的 16 小时"以及"进食的 8 小时"，缩短进食的时间、减少胰岛素分泌。且因为禁食时间较长，身体会分泌压力性物质，短期内会增加我们的代谢，所以在热量不减少的情况下，也能达到减重目的。

如何执行 16：8 间歇性断食？

只要根据自己的生活习惯列出方便进食的 8 小时，一般会选在中午 12 点到晚上 8 点，只要少吃一顿早餐就可以达成这种饮食方式，也可以根据自己的生活习惯将这 8 小时往前或往后调整。但要特别注意，因为"运动后"的补充十分重要！所以执行 16：8 间歇性断食时，要把运动时间安排在进食的 8 小时内，这样运动后才能补充足够的营养，帮助我们增肌减脂更顺利。所以营养师常常开玩笑说："16：8 间歇性断食最适合大学生，只要睡晚一点、翘掉早上的课，从中午开始吃起就能达成了。"另外，16：8 间歇性断食不用减少热量摄取，所以原本的三餐并到 8 小时内吃，每一餐反而能吃更多。

16：8 间歇性断食有缺点吗？

不适合有胃酸逆流或者消化道疾病的人，因为长时间不进食可能会引起胃酸过多。早上需要非常集中精神工作的族群也必须特别注意，没吃早餐也许会对工作效率产生不良的影响。

E 轻断食、全断食（适合减重碰到瓶颈的人，但有消化道疾病者不适合）

相较于间歇性断食，轻断食、全断食则把不吃东西的时间拉得更长，通常会在一星期中选 1~2 天吃很少（约 500kcal／天）或者整天不吃。长时间的断食会让身体产生压力，为了调控这些压力，身体会重新调整新陈代谢，帮助我们打破规律、平稳的状况，所以常用在已经减重一段期间，碰到停滞期的人身上。

如何执行轻断食、全断食？

轻断食是在一星期中选择 1~2 天只吃约 500 千卡的食物。全断食则是完全不吃，如果想要安排两天的话，这两天应该错开，例如星期一和星期四或星期二和星期五执行。

轻断食、全断食有缺点吗？

相信大家都有过因为太忙没好好吃饭的经验，有时候我们会觉得胃酸过多、胃痛，这就是断食饮食法产生的副作用。不过，这两种断食法只是短暂一天的饮食变化，所以没有太多健康上的问题。

讲了这么多，到底哪一种饮食法最好呢？其实，世界上没有一个最好的饮食法，只有最适合自己的饮食方式，根据生活作息、喜欢吃的食物、运动安排等，我们可以渐渐找到最适合自己的饮食安排。先参考上面几种减脂饮食方式，看看有没有跟目前生活作息较接近的饮食法，也许可以从这边着手试试看。但营养师还是建议，想要更完整、准确地执行减重计划，不妨请营养师出建议。

常见饮食法比较

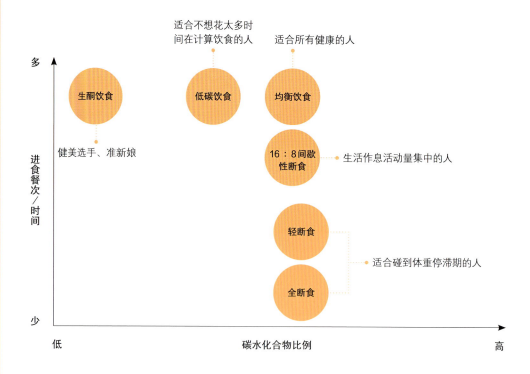

路跑、三铁比赛的饮食计划

近年来运动风气盛行，路跑又是最容易入手的运动，只要一双跑鞋就够了。我们都是从养成运动习惯开始，慢慢地跑出兴趣，想要更进一步追求成就感，参加赛事、关注每一次成绩有没有进步。这时候除了练习之外，其实也可以在饮食上下一些功夫，帮助我们更轻松达到目标。

参加路跑的2个月前，想减重赶快减！

这时候是最适合调整体重的时机，路跑界有一句话"减少1公斤，马拉松成绩快3分钟"，当我们身体负担越小，就可以更有效地将能量应用在跑步上。但减重也要特别注意时机，如果太接近比赛才开始减重，吃得少、营养不足，容易产生疲劳感，反而会使比赛成绩不理想。所以如果你距离路跑比赛还有2个月以上，赶快参考前面章节教的减重饮食法，控制好体重就能往好成绩迈出成功的一大步了。

过去有许多路跑选手来找我讨论，经验比较丰富的选手，大部分确实都会在3个月甚至半年前开始请营养师规划，因为我们要考量的不只是减重，还要安排过敏食物测试、喝水耐受训练，规划比赛当天的早餐、模拟比赛中的补给，如果是出国比赛的话，就要先设想好在国外可以怎么吃。尤其是精英选手，常常会要出国训练、参加比赛，最常碰到的问题就是原本在家可以轻松吃到的餐点，到国外根本就找不到。所以想要维持稳定、良好的减重计划，当然是越早开始规划、越早着手越好了。

这边跟大家分享一个故事，看完也许你就了解为什么要越早着手越好了。有一位耐力型选手，来找我的时候正准备出国，团队安排在国外进行长达将近半年的训练。其实一直以来选手体态都控制得很好，只要维持或稍稍减少一点儿体脂就能达到极佳的状态，距离比赛时间也还有半年的时间，几乎是十拿九稳没什么问题，简单地跟选手交代一些原则就放心地让他出国了。结果过不到1个月就收到了选手求救讯息，他说在国外一下胖了2~3公斤，而且常常会有肠胃不舒服的问题。我们后来花了1个多月解决饮食差异，又花了1~2个月减重，再依照不同情境设计训练、比赛餐点等，这些都还算顺利。但水土不服的问题，可能会影响到肠道菌，恢复状态就需要比较久的时间，也多亏有半年的时间，到了最后好不容易才赶在比赛前调整到最佳状态。

我们很容易忽略生活上可能碰到的各种突发状况，有时候是环境或者压力改变。饮食对身体的影响远不止表面看到的体重、身形这么简单，提早开始规划，预留越多时间，越能掌握状况。所以赛前至少要预留 2 个月以上的时间调整体重，使我们可以调整达到最佳状态。

比赛前2个月内我可以做什么？

越接近比赛，维持好的体力和稳定的状态就越重要。这时候最重要的就是开始模拟比赛中会碰到的状况，测试水分补充、测试准备吃的营养品、测试当天早餐适合的食物等，甚至可以安排小型的模拟赛。

水分补充：男生每小时需要补充 600~900mL，女生是 400~600mL，如果觉得目前喝这个量会引起肠胃不适，就赶快在每一次练习时慢慢将量往上加，肠胃的耐受性是可以训练的。慢慢提高饮水量可以帮助我们更好地平衡体液，让心跳不会增加太快，维持更好的运动状态。

营养品跟早餐：要尽早规划当天的补给，提前尝试，如果不适合也才有时间可以再调整替换。

比赛前1星期，试试肝糖超补！

越接近比赛越关键，如果这次准备跑的是 2 小时以上的赛事，那来试试肝糖超补吧！肝糖超补可以帮助我们延缓疲惫、撞墙期的发生。肝糖超补需要饮食＋运动配合，饮食上比赛前的 4~7 天维持整日 50% 的碳水化合物饮食比例（就跟平常饮食差不多），剩下的 3 天则需要提高碳水化合物的摄取量，大约每餐需要多吃半碗饭，全天多吃 1~2 次水果，同时减少一点儿肉类的摄取就能轻松达标！

运动的部分，则是为了维持反应跟肌力，但也要保有体力，所以强度维持在 73% $VO_{2\,max}$（最大摄氧量），只调整训练时间，随着越接近比赛，训练时间逐日减少，依序是 90 分钟→40 分钟→40 分钟→20 分钟→20 分钟→休息→比赛。

另外特别提醒，一般路跑、三铁比都是早起跑，与平常的生活作息不太一样，建议从比赛前 1 周就开始调整作息，更早睡、更早起，起床时间至少要设定在起跑前 2~2.5 小时，这样才能好好地吃早餐，也来得及消化。请以最好的状态去比赛吧！

当天比赛前的注意事项

在赛前 2 小时吃完早餐（请以碳水化合物为主，例如，面包、饼干、水果等）。赛前 1 小时可以在便利超商买杯美式咖啡，这是最有效的运动补充品（肠胃不适者慎喝）。能量棒、能量胶等运动食品，可以视个人情况而定，但一定要在之前测试过，千万不要因为好奇而在比赛当天第一次吃。

有些路跑的朋友会跟我提到"比赛当天才第一次吃补充品"。有些人第一次尝试可能会觉得肠胃不适、心悸或者比赛时好像特别容易口渴！为什么会这样呢？因为许多运动补充品都会添加高剂量的咖啡因，如果平常没有喝咖啡，对咖啡因比较敏感，就可能会发生心悸的情况。而赛前的补充品大部分都含有高比例的碳水化合物，口感就像我们平常吃甜食，很容易会感到口渴。如果想要有好的成绩，准备使用补充品、运动食品，一定要在之前尝试，千万不要因为好奇，拿了朋友的补充品乱吃。

当天比赛中的注意事项

比赛中就是验收的时刻，照着自己拟定好的补充品、水分补给计划进行，可以视当天的温度、湿度稍微调整补水策略，赛中随时观察自己的状态，如果觉得比平常还渴或者心跳变快，不仅要调整速度，还要调整补水的策略，也许经过每个补给站的时候多抓个 1 杯水，就能让水分补充更完整。

当天比赛后需要补充蛋白质

赛事之后，补充一些含有丰富蛋白质的食物。因为长时间的运动对肌肉消耗特别大，越快补充可以让身体恢复得越快，减少隔天全身酸痛的情况。除了要摄取每公斤体重 0.25~0.3 克的蛋白质之外，千万别忘了碳水化合物，摄入量为蛋白质的 2~4 倍。不知道怎么吃？赶快往前翻翻运动后的便捷食物组合吧！

相信只要做到这些，一定可以帮助你取得更好的成绩！

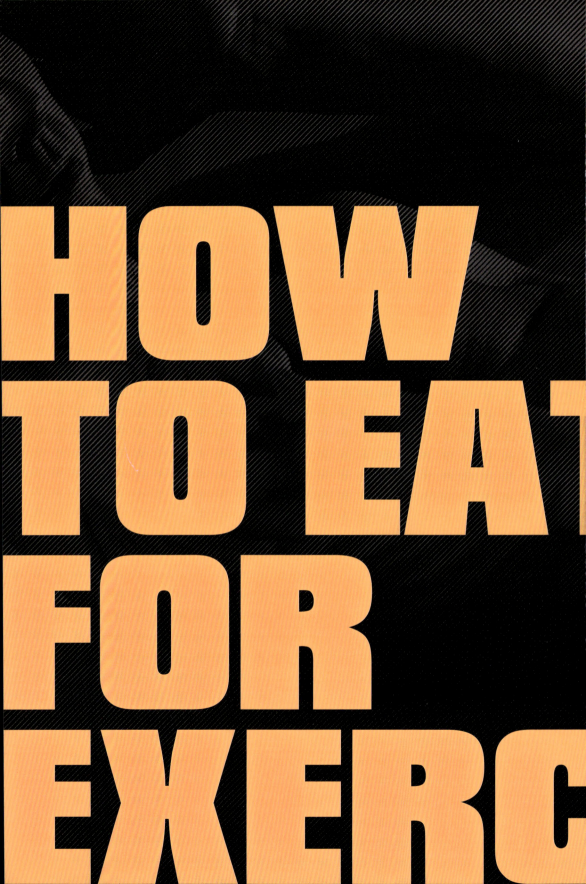

第 3 章

CHAPTER 3

营养吃
才能让运动
效果更佳

想要运动或瘦身有成，自己下厨绝对是最好的！跟着健身年资已有
20余年的运动吃货主厨Eason老师，用多国料理好好犒赏努力运
动后的自己，增肌减脂减糖料理学起来！活用主厨的周间备料法、
重点酱料制作，快速就能做好一餐，为自己的营养需求做搭配、安
排属于自己的运动菜单非难事。

调配符合自我需求的运动料理

想 知道营养师怎么制定菜单的吗？虽然说起来有点儿复杂，但只要跟着营养师一步一步慢慢来，其实你也可以为自己配餐。营养师制定菜单的时候，会有几个固定的步骤。

1 计算热量

2 分配巨量营养素（碳水化合物、蛋白质、脂肪）

3 将巨量营养素转换成六大类食物

4 根据生活习惯把食物分到各餐

5 真的不够？只好用补充品了（但这个章节不特别提及此步骤）

步骤 1 　计算热量

人体一天所需的热量是由"**基础代谢率 + 活动因子 + 运动消耗**"热量组成的，以下分别说明它们的意义。

A 基础代谢率

指的就是维持生存所需最基本的能量，也就是躺在床上不动，头脑也不想，只有心跳及其他器官为了维持生命所需的能量消耗。计算基础代谢率的方式有很多，书中只简单介绍两种，一种是哈里斯·本尼迪克特公式（以下简称 HB 公式），另一种是坎宁安公式（Cunningham）。

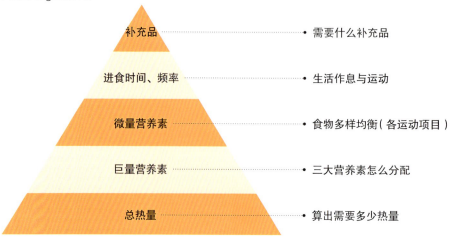

- 补充品 ⋯⋯⋯⋯⋯⋯ • 需要什么补充品
- 进食时间、频率 ⋯⋯⋯ • 生活作息与运动
- 微量营养素 ⋯⋯⋯⋯ • 食物多样均衡（各运动项目）
- 巨量营养素 ⋯⋯⋯⋯ • 三大营养素怎么分配
- 总热量 ⋯⋯⋯⋯⋯⋯ • 算出需要多少热量

> **1** HB公式
>
> 只要有身高、体重、年龄就可以计算，举例来说：
>
> 男性基础能量消耗（BEE）= 66 + 13.7 × 体重 + 5 × 身高 − 6.8 × 年龄
>
> 女性基础能量消耗（BEE）= 655 + 9.6 × 体重 + 1.8 × 身高 − 4.7 × 年龄

【试算】

阿雄身高 175 厘米，体重 75 公斤，年龄 30 岁

阿雄的基础代谢率 =66 + 13.7 × 75 + 5 × 175−6.8 × 30=1765

> **2** 坎宁安公式（Cunningham）
>
> 需要有体脂率，体脂正常或偏低的人用此公式计算会更准确。
>
> 基础代谢率 = 500 +（22 × 去脂体重）

【试算】

举例试算：阿雄体重 75 公斤，体脂率 18%

阿雄的基础代谢率 =500 + 22 × 75 ×（1−0.18）=1853

上述两个公式有一定差异，但差异是可以接受的范围。

B 活动因子

我们不可能整天都躺在床上，必须起床、出门、工作，根据不同的工作性质，消耗的能量也不同，办公室上班族跟业务销售相比，其活动量、消耗的热量存在差异。所以，我们会根据平常生活状态的活动量乘上一个数值。

轻度活动：1.3（一般上班族，坐着的时间多）

中度活动：1.4（会跑来跑去的工作，走动多）

重度活动：1.5（需要搬重物或劳力型的工作）

C 运动消耗

一般人可能不会每天都运动，所以运动消耗的热量可以用第 1 章提到的代谢当量（MET）来计算，有运动的那天消耗热量多，所以当然也需要多补充一点儿食物，可以增加一小餐快速补充能量，或者运动完直接吃正餐的话，稍微多吃一点点即可。了解以上 3 个部分后，试着来完整地算一下热量吧！

【试算】

阿雄的基础代谢率是1853，平常工作都在电脑前，今天做了MET 4的运动1小时，今天所需的热量就是：

1853（基础代谢率）×1.3（活动因子）+ 75×4（运动消耗）=2708

2708这个数字就是有运动的那天需要的热量。如果想要减重减脂，一般可以减少300~500千卡；如果想要增肌，每天可以先增加200~300千卡。

【结论】

阿雄减重一天要吃：2200~2400千卡

阿雄增肌一天要吃：2900~3000千卡

第1步计算了一天大概需要的热量，接下来看热量如何分配吧！

步骤2 巨量营养素的分配

从日常饮食中摄取可以提供人体能量的营养素主要有3种：

1 碳水化合物：每克提供4千卡热量

2 蛋白质：每克提供4千卡热量

3 脂肪：每克提供9千卡热量

另外，要特别注意酒精，每毫升能提供7千卡热量。之所以喝酒容易胖，就是因为不小心喝进太多热量。如果正在执行饮食控制，这点也需要留意一下。

用百分比调整饮食形态

均衡饮食	减重饮食	增肌饮食
碳水化合物：50% 蛋白质：20% 脂肪：30%	碳水化合物：40%~50% 蛋白质：20%~30% 脂肪：30%	碳水化合物：50%~60% 蛋白质：15%~20% 脂肪：25%~30%

以均衡饮食为例，阿雄一天需要2700千卡，碳水化合物占50%，也就是1350千卡；蛋白质20%，540千卡；脂肪30%，810千卡。再分别除以每克的千卡数。

【试算】

碳水化合物除以4 = 337.5克

蛋白质除以4 = 135克

脂肪除以9 = 90克

我们已经知道一整天需要的巨量营养素的量，但看着营养素却毫无头绪。下一步，就要一起来把这些数字换成平常生活中常见的食物。

步骤3 六大类食物的分配

我们将食物根据本身所含的营养素比例分为六大种类，包含乳品类、水果类、全谷杂粮类、蔬菜类、豆鱼蛋肉类、油脂与坚果类。而各类食物所含的巨量营养素可以参考表格，营养师就是依据它们来帮大家配餐的。

六大类食物代换表

品名	蛋白质 （g）	脂肪 （g）	糖类 （g）	热量 （kcal）
乳品类				
（全脂）	8	8	12	150
（低脂）	8	4	12	120
（脱脂）	8		12	80
豆鱼蛋肉类				
（低脂）	7	3		55
（中脂）	7	5		75
（高脂）	7	10		120
全谷杂粮类	2		15	70
蔬菜类	1		5	25
水果类			15	60
油脂与坚果类		5		45

设计配餐的时候会有一定的顺序，先把固定分量算好，再一步一步往下算，顺序为：

食物六大类分配顺序

1 乳品类

2 水果类

3 蔬菜类   1.计算完所有碳水化合物

4 全谷杂粮类

5 豆鱼蛋肉类   2.计算完所有蛋白质

6 油脂与坚果类   3.计算油脂

照着这个顺序把各大类的营养素一项一项代入就可以得到该吃的"分量"。以上个步骤算出来的热量、营养素为例：

	分量	碳水化合物 337.5克	蛋白质135克	脂肪90克
乳品类（低脂）	2	24	16	16
剩下		313.5	119	84
水果类	3	45		
剩下		268.5	119	84
蔬菜类	4	20	4	
剩下		248.5	115	84
全谷杂粮类	16.5	247.5	33	
剩下		1	82	84
豆鱼蛋肉类（低脂、中脂）	12（6、6）		84	48
剩下		1	−2	36
油脂与坚果类	7			35
剩下		1		1
总结		1	−2	1

计算到最后，会发现各种营养素有一点儿小小的误差，但是这些对热量影响不会太大，所以每项差在 10 克以内都可以忽略。

到这个步骤，已了解了各项食物的"分量"，但是每一份代表多少克呢？由于每项食物营养密度会有一些差异，我们可以使用上网搜寻"食物替换表"，了解所有常见食物每一份的重量，别忘了同一大类里面的食物可以等分量替换。如果今天不想吃那么多饭，可以用地瓜来替换部分的杂粮。

步骤4 如何将这些分量分到每个餐次？

根据每个人本身生活习惯的不同，在餐次分配上会有较大的差异。所以先想想自己平常怎么吃，怎么分配最容易达成目标。但在分配前，注意以下两个重点：

重点 **1** 运动后一定要吃

运动后，因为身体需要补充养分，让体力恢复以维持代谢，所以补充蛋白质特别重要。补充的量为自己体重 ×（0.25~0.3），即为蛋白质所需克数，建议每天先从运动后的那一餐开始分配。

重点 **2** 活动量大时可多吃

活动量大时，前后需要较多的食物与营养。例如，上班族早上特别需要集中精神，所以早餐、午餐可以多吃一点儿，但晚上在家休息没运动、活动量少，所以晚餐就可以吃少一点儿。

以上从**热量计算→巨量营养素分配→分配到六大类食物→根据个人生活作息设定餐次、食物**，用渐进的方式让大家了解"营养师的配餐秘诀"。如果暂时不想这么麻烦也没关系，也可以特别聚焦在最重要的运动后的一餐，教大家懂得如何抓准自己的分量，将后面介绍的每一道食谱调整成最适合自己的比例。

营养师教你
计算个性化的配餐法

书 中收录了运动后的美味食谱，不仅备餐容易，而且很好吃，最重要的是厨师与营养师携手合作，在美味的同时加入了科学的分析，将食材的营养素完整呈现。掌握3个步骤，谁都可以轻松做出最符合自己分量的美味餐食。

步骤1 先决定增肌还是减脂

前面有提到"增肌"跟"减脂"有一些小差异，所以我们要先确定目标，如果以增肌、维持体重或者健康为主，建议运动后除了补充蛋白质之外，也需要足够的碳水化合物。如果正在减脂，想要让成效更好，那运动后建议抓准热量，吃足蛋白质最重要，碳水化合物少一点儿也没关系！

步骤2 运动后可吃的正餐或点心量

以下分为"正餐"或"运动后的小点心"，依据自己需要摄取的饮食分量做选择。

增肌与减脂大不同。运动后的正餐和点心热量建议

	增肌需求者	减脂需求者
正餐热量	原本正餐营养还算足够，但增肌需要更多的热量，可以吃比平常正餐多出1/3~1/2的量	运动后，建议先维持平常吃的量，因为运动1小时消耗的热量差不多是200~300千卡，其他时间不刻意减少食物，就能达到每天少200~300千卡的目的
点心热量	建议400~600千卡	运动后，为了防止肌肉流失、代谢下降，就算是减脂，也一定要补充营养，200~400千卡最适合。因为多吃了一餐点心，正餐可以挑一餐少吃1/3

步骤3 蛋白质与碳水化合物

如前面章节所讲，无论是增肌或维持体重，在运动后都需要补充碳水化合物与蛋白质，为（2~4）：1的分量，而减脂则是以蛋白质为主，不一定需要碳水化合物。

本书的食谱，营养师都标明每道料理主要的蛋白质与碳水化合物来源，如果今天要减脂，可以试着把主要碳水化合物的食材减少，同时注意蛋白质有没有达到每公斤体重0.25~3克的需求量，若未达到，则将主要蛋白质食材再往上加。营养素足够但热量不足时，需要增肌者优先补充碳水化合物，减脂需求者则优先增加蛋白质。

学起来！快速估算碳水化合物和蛋白质量

营养师说的1份怎么算？

食材	乳制品	水果	蔬菜	全谷杂粮
1份	1杯240毫升	1拳头、1碗（家用饭碗）	每100克、煮熟半碗（家用饭碗）	1碗饭（家用饭碗）
碳水化合物量	12克	15克	5克	15克

约含有15克碳水化合物的常见食物：

1/2碗稀饭、1/2碗面、1/2碗地瓜、2/3碗南瓜、4汤匙玉米粒、5块椭圆形小年糕、1片方形薄吐司、1/2块汉堡面包、23颗小汤圆、3张水饺皮、6张馄饨皮、3片苏打饼干（小）、1个小餐包、3汤匙燕麦片（干）。

主要含有蛋白质的食物：乳制品、豆、鱼、蛋、肉

1个掌心大小（半个手掌厚度）的豆鱼蛋肉类食材，大约含有15克蛋白质。但每种食材、不同部位的肉，蛋白质含量都不太一样，如果需要精算，本书食谱提供了完整的三大营养素，可供参考。

接下来的食谱，是由运动吃货主厨 Eason 老师设计的运动料理，希望大家可以从照顾自己的饮食开始，慢慢迈向健康之路，一步步打造出理想体态。

主厨教你烹调多变风格的运动料理

美食对我来说，是慰藉运动辛劳最好的方式

光 是想着今天运动完，会有一份牛排搭配松露奶油拌饭等着我，似乎每一组动作做起来都特别有力。

没错！我就是一个名副其实的运动吃货，美食就是我运动背后最大的原动力。

相信大家看完前面的章节营养师们所分享的运动饮食观念与如何试算出自我需求之后，已经建立起基本饮食概念了。

接下来就由我来与大家分享，如何把"餐厅物料控管""高效率备餐""快速烹调上菜"的 3 个概念融入日常之中，让每个人都可以在家轻松做出天天吃也吃不腻，百变减糖、增肌、减脂料理。

掌握关键调味，异国料理在家轻松做

大家是否也有这样的经验：为了做出一道所谓的"地道"口味的异国料理，费尽心力到处采买、备料，然后剩下一些不知道还可以用在哪儿的香料、酱料，最后就被遗忘在厨房的某个角落直到过期。

对我来说，在家做异国料理，吃的只是一种感觉，为一成不变的日常饮食带来新鲜感与满足，至于"地道"口味的异国料理，我会在下次去餐厅或出国旅游时再尽情享用。其实，我们只要能够掌握"关键调味"，事先准备一两样代表性的酱料、食材，不需要大费周章地采买、备料，在家就可变化出多样的异国风味料理。举例来说，有一罐鱼露再加上一些随手可得的辛香料（辣椒、香菜、九层塔等），就可以吃遍东南亚风味料理，以等比例的味醂、鲣鱼酱油、酱油来制作，就可以延伸多道日式家常经典菜色。

此外，"一酱多用"也是本书食谱的特色之一，例如，书中的"韩式万用酱"，可直接当成"鲜虾马铃薯煎饼"的蘸酱，或是"酱烧牛排铁锅拌饭"的腌肉酱，但如果搭配不同食材并且在调味上做点儿小变化，又可延伸出多道不同风味的料理，例如：

1 韩式万用酱 + 姜末 + 辣椒 ——→ 辣炒鸡腿排盖饭
2 韩式万用酱 + 葱花 + 乌醋 ——→ 韩式烧肉粉条
3 韩式万用酱 + 苹果 + 柠檬汁 —→ 苹果鸡柳冷拌天使面
4 韩式万用酱 + 泡菜 ————→ 泡菜猪肉炒年糕

虽然都是用"韩式万用酱"当基底，但能做出不同的菜色，这就是一酱多用的好处。

餐厅备料概念让运动料理更简化

用餐厅概念备料，在家提高烹饪效率，精准掌控营养摄取

一般餐厅为了让客人在点餐后能够在最短时间内即可享用到餐点，都会将菜单食谱拆解成"备料"及"出餐"两个部分，在不影响出餐品质的前提下，除了会先将食材清洗干净、切割成所需尺寸之外，会将同步骤且能一起储存的食材依照所需分量分装在一起，把这种做法套用在我们日常的运动料理之中，不仅可以提高烹饪效率，并且能够更精准掌控热量与营养素的摄取。

一种食材交叉运用组合，让菜色多变化

厨师通常在设计菜单时，都会以"食材交叉运用组合"的方式，以有限的食材搭配出最多样的菜色，不仅可以降低采购成本，减少储存空间，而且可以加快食材的使用速度，确保新鲜度。

这也是设计这本书食谱的核心概念：用少样食材变化出多样菜色。

计划性地制备与保存食物，省时、节能、出餐快速

计划性地制备与保存食物，不仅可以减少重复备餐的时间与能源消耗，还可以加快烹调速度，赶在运动后的黄金吸收期内快速上菜与完食。例如，一次煮好整包的意大利面，再照个人需求分装，将3天内要吃的份数冷藏保存，其余可放冷冻库保存1个月，之后想吃意大利面时就不用再煮面了。煮一次意大利面大概需要15分钟，1包500克的意大利面可分成5~7份，所以至少可以省去4次×15分钟=60分钟的煮面时间和消耗掉的能源。

本书中可一次大量备餐分装保存的即时料理如下：

1 意式猎人炖鸡
2 菲律宾柠檬烤鸡腿
3 越式清炖牛腱
4 马铃薯炖肉
5 香煎鸡腿排

安心的食材保存小叮咛

1. 储存食物的容器以能高温杀菌为首选，如此能将残留在容器内的微生物量降到最低，延长食物的保存期。

2. 选购面宽相同以及规格可以相容的储存容器，才不会浪费冰箱空间。

3. 储存容器使用前，请洗净、杀菌、擦干水分。

4. 储存食物时，在容器上清楚标示出内容物名称及存放日期。

5. 加盖冷却食物时，预留透气孔，以避免水滴落到食物上而影响品质，冷却完成后把上盖内层水分擦干，再密封保存。

6. 7~60℃是细菌易快速繁殖的"危险温度区间"，热食应先降温后再行冷藏或冷冻保存。放置于室温中勿超过1小时，以免细菌快速繁殖。

7. 熟食要加热到沸腾，食材熟透后才可装盒保存。

8. 使用干净无水分残留的器具储存食物或酱料，以免交叉污染。

9. 勿将使用过的餐具留在装盛食物或酱料的容器内，以免手持接触的部分残留水分或微生物造成污染，加速食物变质。

10. 瓶装酱料使用完毕后，将瓶口擦干净，以免残留酱料氧化、变质，进而影响到整罐酱料的品质。

用不完的酱料可倒入制冰盒，冷冻成形后放密封盒保存，方便之后取用。

有了备料要诀，
增肌减糖减脂餐快速上菜

蛋白质篇：豆鱼蛋肉类

豆 鱼蛋肉类是富含蛋白质的食物，也是饮食中蛋白质的主要来源。"豆类"指的是含有丰富植物性蛋白质的黄豆及其制品，像豆干、豆浆、豆腐等，豆类的缺点是甲硫氨酸含量较少，但我们平常每餐吃的谷物类、坚果类刚好含有较多的甲硫氨酸，所以饮食上可以轻松互补，豆类成为非常优质的蛋白质来源，也是素食者最主要的蛋白质来源。

"鱼类"泛指虾蟹鱼贝类，鱼类最大的优点是饱和脂肪酸较禽畜类低，可以更健康地摄取蛋白质。一般来说，红肉质的海鲜类通常腹部脂肪量较高（例如鲑鱼、鲔鱼），白肉质的鱼（例如蛤蜊、章鱼）脂肪量较低，如果正在控制热量，低脂肪量的鱼更适合你，购买时可依照需求情况挑选、调整。

"蛋类"是非常经济实惠的蛋白质来源，除了拥有丰富的蛋白质，蛋黄也包含了脂肪、胆固醇、丰富的维生素 A、维生素 B_1、维生素 B_2 及铁、磷等矿物质，对于健身族群来说，是个价格亲民又含有丰富营养的好食材，而且其实饮食中的胆固醇并不会对我们影响太大，偶尔一天吃 2~3 个蛋也没问题。

"肉类"就是我们几乎每餐都会吃到的家禽和家畜类的肉、内脏及其加工制品。肉类相较于其他蛋白质种类含有较多的饱和脂肪，摄取过多会提升心血管疾病的风险，因此建议烹调时可以选择较瘦的肉品食用，如腿肉、胸肉、菲力等部位。在选购肉品上有一些小技巧，提供给大家作参考。

1 肉眼看到的脂肪少挑选：五花肉、梅花肉、培根等皆属于高脂肪肉类，尽量减少食用次数。

2 偶尔可去皮再食用：鸡皮、鱼皮通常包含着较多的脂肪，在食用前可以依状况先将其剔除。

3 尽量减少加工制品的摄取：加工制品在制作过程中通常会添加大量的油、调味料或者精制糖，摄取过多容易造成身体负担。

水煮蛋是最方便百搭的优质蛋白质补充品

一个鸡蛋含有 6~7g 的蛋白质，是非常容易计算含量又方便外出携带的蛋白质补充品，当成料理配菜也非常百搭。书中有使用鸡蛋的相关料理：尼斯风味煎鲑鱼沙拉、马铃薯溏心蛋沙拉、苹果鸡柳冷拌天使面。

水煮蛋的煮法

1 鸡蛋放入锅中，加入冷水淹过鸡蛋 2~3cm。

2 待水煮滚后关火，盖锅盖，开始计时。全熟蛋：10~12 分钟；溏心蛋：6~8 分钟。由于锅具装盛的水量、鸡蛋数、火候大小都会影响鸡蛋熟成的时间，若想要每次都能煮出熟度相同的水煮蛋，建议每次都用固定的水量、鸡蛋数和火候，便可慢慢找出自己喜欢的熟度。

3 将煮好的鸡蛋放入冰开水中静置 1 分钟以上再脱壳，以防止鸡蛋继续熟成。

4 建议溏心蛋当天食用完毕，带壳（无破裂）的全熟蛋可冷藏保存 5 天。

注：当水煮蛋煮得过熟时，蛋黄外层会出现青灰色的硫化物，稍有异味，但可放心食用。

水嫩太阳蛋快速上桌的煮法

1 杯拿铁（内含牛奶 300mL＝蛋白质 9g）+2 个太阳蛋（蛋白质 6.7×2=13.4g），煎蛋的同时，利用锅的空位煎一些自己喜欢吃的蔬菜，如番茄、西葫芦、蘑菇、玉米笋，再搭上一块欧式面包，这就是我在不想吃肉的早晨，也能满足蛋白质需求的营养早餐。要煎出水嫩的太阳蛋其实很简单，方法如下：

1 不粘锅小火热锅后滴上一两滴橄榄油，将油抹开润锅。

2 打入鸡蛋，等蛋白变色成形后加入约 2 汤匙（30mL）的水，盖上锅盖将蛋黄焖到自己喜好的熟度即可起锅。

注：加水后盖锅盖焖煮，不仅可以煎出软嫩的蛋白，也可缩短烹调时间。

减脂好朋友：让鸡胸肉不再干柴

鸡胸肉是所有运动或控制饮食者都不陌生的好食材，蛋白质含量高、脂肪少，还能增添饱足感，是许多人的好朋友。但鸡胸肉的缺点是若烹调不得要领，口感就会变差。以下分享几个烹调方法，让肉质也能很美味。

使用"蝴蝶切"的方式片薄鸡胸肉

方法A　盐水渍鸡胸，软化肉质超含水

如果你喜欢吃厚切口感的鸡胸肉，盐水腌渍法能让肉质软嫩多汁。我的做法是用水100mL加1茶匙盐的比例调制所需分量的盐水备用，然后在密封盒里加入水和盐，扣紧盒盖，如同调酒师般用摇晃的方式将盐溶解后再放入鸡胸肉。

盐水腌渍时间：片薄的鸡胸肉4小时以上，未片薄的鸡胸肉8小时以上才会有明显的口感差异，腌渍时间越长，咸味也会越明显，依照个人口味喜好斟酌选择腌渍的时间。

方法B　"蝴蝶切"法片薄鸡胸肉，缩短烹调时间

除了盐水腌渍法，用"蝴蝶切"的方式片薄鸡胸肉，则可大幅缩短腌渍及烹调时间。

方法C　水煮+焖熟，鸡胸更软嫩

水煮鸡胸肉的大原则是将鸡胸肉放入锅中后，加水盖过鸡胸肉约1cm（确保鸡肉加热紧缩后不会凸出水面的高度即可），盖锅盖将水煮至大滚之后转小火（保持微滚状态即可），开始计时，片薄的鸡胸肉（厚度1~1.5cm）：滚水煮2分钟，关火再焖2分钟。未片薄的鸡胸肉（厚度2.5~3cm）：滚水煮3分钟，关火再焖6分钟。

以上为使用1500mL的水烹煮1片鸡胸肉（重量约200g）所测得的数据，由于锅具材质及大小、炉具加热效能、烹煮鸡肉重量及水量等都会影响到鸡肉熟成的时间，大家可以先依照以上数据少量试煮之后，再行斟酌调整烹煮时间。

方法D　静置后再分切，鸡肉最多汁

静置的目的是让高温的肉汁冷却下来，回渗到肌肉组织，以免肉汁从切开处窜流出来。静置时间依照肉的厚度而定，片薄的鸡胸肉为3分钟以上，未片薄的鸡胸肉为5分钟以上。

在家煎出完美牛排其实没有那么难

重点 1　别让肉汁流失在起跑点上

如果买的是冷冻真空包装的牛排，解冻时，先在包装袋剪一个小缺口，可避免因真空压力挤压牛肉组织所造成的血水流失，然后放入密封盒内，再放置于冷藏室解冻，解冻方式愈缓和，血水流失量就会愈少。牛肉组织内的血水多少与烹调后的肉汁含量有绝对关联，所以想要煎出鲜嫩多汁的牛排，千万别忽略掉这些小细节。

片薄的鸡胸肉与未片薄的鸡胸肉比较

比较	片薄的鸡胸肉	未片薄的鸡胸肉
水量	1500mL	1500mL
鸡肉重量	200g	200g
烹煮时间	2分钟	3分钟
闷熟时间	2分钟	6分钟

重点 2 一火到底，控制熟度最容易

煎牛排最难的部分，在于火候的掌控和熟度的拿捏，除非你是料理熟手，不然"一火到底"是掌控牛排熟度的最好方式。所谓的"一火到底"是多大火？测试方法如下。

准备一个不锈钢锅和1杯水，用你认知的"小火"开始热锅，每20秒滴落一次水珠到锅中，若在1.5分钟之内就达到水珠跑动的状态，表示火候过大需调小；如果在2分钟后才达到此状态，表示火候太小需调大，若刚好介于1.5~2分钟之间，让滴落的水珠在锅面跑动，不会散开蒸发，那么这就是所谓"一火到底"煎牛排的最佳火候了。

找到最佳火候后，就可以开始煎牛排了。热锅之后，倒入食用油，放入牛排并且调味（下锅之前记得把表面血水擦干，以免产生油爆），每30~60秒翻面一次，翻面过程中如果牛排表面开始有焦化的迹象，立即将火候调小，煎到设定时间为止，此时牛排表面应该呈现出漂亮的焦糖色。

重点 3 "静置""温盘"二选一，牛排一样很多汁！

牛排起锅后放置于网架上静置是最好的方式（冷盘子会使牛排温度骤降，加速肉汁的流失），静置时间视牛排厚度而定，一般超市买到的牛排厚度是1.5~2.5cm，静置5分钟即可。静置的目的是让那些因为温度上升而流出的肉汁回渗到肌肉组织。餐厅为

讲求出餐速度，通常不会用静置的方式，而是用"温盘"的方式，让牛排内部温度缓缓下降，既减少肉汁的流失，又兼具保温效果，温盘的热度以不烫手为原则。

重点 4　建立属于自己的经验值，向心目中的完美牛排迈进

厨师掌控牛排熟度，靠的是经年累月的经验，对于食材变化、火候掌控的敏锐度，而我们所能做的是，切开自己煎好的牛排，与设定的"锅煎时间"做个比对，相信你就会知道下次该怎么调整了。记得在下面表格"牛排熟度与烹调时间参考"的备注栏记录下你的经验值，如此便可一步一步向心目中的完美牛排迈进。

重点 5　使用探针温度计是最精确控制熟度的方法

如果不想在烹调技巧上太费心，添购探针温度计是最方便、精确的方式。烹调过程中将温度计插入牛排中心位置（避开脂肪和筋），参考下面表格"中心温度"控制熟度，起锅静置完成后从中间切开，比对实际温度与心目中熟度认知的差异，再记录于备

牛排熟度与烹调时间参考

熟度认知是主观的，没有所谓的标准，下表最主要是方便大家在操作时有个基准值可以参考、比对，以下数据是以厚度2cm／重量200~300g的牛排为基准所测得，当牛排厚度不同时，"锅煎时间"也必须跟着调整：厚度加／减0.5cm，时间增／减30秒，依此类推。

牛排熟度与烹调时间参考

牛排熟度	三分熟	五分熟	七分熟	全熟
中心温度	50℃	55℃	60℃	70℃
切面颜色	60%鲜红色	30%鲜红色	粉红色	灰褐色
锅煎时间	3分钟	4分钟	5分钟	6分钟
实作备注				

注　煎牛排时，不建议使用化学涂层的不粘锅具，以免因为烹调温度过高而造成涂层脱落。

注栏，当成以后的操作参考。牛排起锅后仍会有余热烹调的效应，中心温度会再上升 3~8℃（视牛排厚度和加热时间而定），需将此因素纳入牛排熟度考量。

碳水化合物篇：米饭、面类、面包类、根茎类

全谷杂粮类是我们每一餐碳水化合物的主要来源，也是提供身体能量的重要食物。粗加工的谷物有丰富的 B 族维生素（特别是 B_1）、维生素 E、矿物质及膳食纤维，而白米在加工过程中因为去壳、去胚芽，会流失许多有益健康的营养素。另外要特别提到藜麦，它有别于一般谷物类，除了碳水化合物还含有丰富的蛋白质，是米饭类的两倍，膳食纤维含量也十分丰富，含有钙、铁、锌等矿物质。除了上述的谷物，全谷杂粮类还包含根茎类、部分淀粉含量高的豆类等，如马铃薯、南瓜、莲藕、山药，这些都是可替代精致淀粉的食材。

全谷杂粮类营养分析比较参考

每100克可食重量	糙米	胚芽米	胚芽米（蓬莱）	白米	糯米	红藜	红豆	绿豆
热量（kcal）	340	366	369	354	354	379	328	344
糖类（g）	75.4	75.4	74.2	78.1	76.8	66.8	61.5	63
蛋白质（g）	6.7	7.2	6.8	6.5	6.5	12.1	20.9	22.8
脂肪（g）	2	3.6	4.8	0.5	1.2	6.7	0.6	1.1
纤维（g）	0.3	0.6	0.8	0.3	0.2	8.3	18.5	15.8
钙（mg）	21	24	21	15	8	31	87	108
磷（mg）	280	178	152	151	120	274	442	372
铁（mg）	1.5	3.4	1.6	0.6	2.2	0.6	7.1	5.1
维生素B_1（mg）	0.3	0.34	0.31	0.11	0.13	0.31	0.41	0.6
维生素B_2（mg）	0.05	0.17	0.11	0.04	0.04	0.01	0.14	0.17

注　表格中数字仅供参考。

碳水化合物是最容易堆积成脂肪的巨量营养素

它是最容易过量摄取的食物，尤其是搭配一些重口味料理时，更是容易失控，所以我养成了"预煮"与"分装"米饭和意大利面的习惯。我的分装准则是依照自己的"最低需求量"或"最低满足程度"来决定分装量，预留了一些弹性空间给其他碳水化合物，让自己

不用每天追着数字跑，也不怕会失控，这样的做法也替自己省去许多重复备餐的时间。

煮饭人人会，但怎么煮最好吃？

煮米的重点

洗米的要诀在于：不要搓揉米粒，以免米粒碎裂，用快速冲洗的方式洗2~3次即可。

浸米的重点

一般而言，如果买到口感不佳的大米，我会先微调一下内锅的水量，不见改善的话，才会多一个浸米的程序，让米粒可以充分地吸收水分，受热更加均匀。然而糙米或是五谷米就得先浸米之后再烹煮，这样才能煮出一般人可接受的口感，每个品牌的杂粮米配比不尽相同，浸米时间建议先以1小时为基准，少量试煮后，再依个人口感喜好调整。

煮饭的重点

用电锅煮米饭的大原则为1杯米兑1杯水，2杯米就兑2杯水，以此类推，无论内锅几杯米，外锅都是1杯水即可。电锅跳起后，再闷20分钟，利用余热让米心熟透，开盖后用饭匙将米饭翻松，整体口感会更加均匀。

分装以利多餐食用

将煮好的米饭依照自我需求量分装至密封盒内，盖上盖子（表层米饭才不会干掉），需留透气孔让水蒸气排出，快速降温后将3天内会吃完的份数冷藏，其余可冷冻保存1个月。

除了米饭，也尝试杂粮饭

对于一个米饭控而言，要我直接吃糙米饭或五谷饭实在有点儿痛苦，但如果是混着白米一起煮（大米2杯＋糙米或五谷米1杯），倒是可以接受的。煮法的差别在于，糙米或五谷米必须先泡水60分钟以上再加入大米一起煮，如此能让口感质地更接近。

此外，我也会在大米中加入藜麦一起煮（大米1杯＋藜麦1汤匙），虽然比例不多，但增加了一点蛋白质的摄取，也让米饭吃起来更有层次感，煮法比照米饭即可，无须调整。

柠檬姜黄饭则是我做东南亚料理和南美洲料理时最喜欢搭配的米种（泰国香米1杯＋柠檬橄榄油1/2茶匙＋姜黄粉1茶匙），做法同米饭。唯一要注意的是，在洗完米之后要先加入"柠檬橄榄油"和"姜黄粉"搅拌，利用米粒将橄榄油分化成更小的粒子，如此可以让风味分布得更均匀，最后再加水烹煮。

面食、粉丝类

　　市售面类因为大多由精致谷物制成，GI 值普遍不低，但意大利面、荞麦面因使用小麦、荞麦，相对含有较多的纤维，GI 值相对会比较低。在烹调上有一些小技巧能改变 GI 值，面类经过长时间高温烹煮，会产生糊化作用，让碳水化合物更容易吸收，所以除了多选择意大利面、荞麦面之外，也别忘了烹调时控制好煮面时间，让面体不要过软。

每100克可食重量	拉面	油面	乌龙面	面线	刀削面	意大利面	冬粉	米粉
热量（kcal）	290	359	125	347	265	250	357	366
糖类（g）	62	76	28	72	56	14	87	85
蛋白质（g）	9	11	3	12	8	12.5	0.1	2
脂质（g）	0.8	1.2	0.4	1.5	0.9	0.4	0.1	0.8
钠（mg）	429	712	864	752	226	—	9.7	136

注　表格中数字仅供参考。

意大利面的煮法

　　意大利面主要分为直面、扁面和造型面（笔管面、贝壳面、蝴蝶面），烹煮时间因种类及品牌不同而有所差异。若是要煮完马上享用的话，可先参考包装上的烹煮时间少量试煮，时间快到时开始试吃面条口感，再斟酌是否需要调整时间。但如果是要整包预煮起来存放的话，则需考量面条起锅后仍会有余热，烹煮时间则需缩短 3~4 分钟。以下为本书食谱所用到的三种意大利面煮法。

1 在汤锅中倒入 3000mL 水和 2 汤匙盐，煮至沸腾。

2 水滚后，用伞状的方式放入意大利面（500g），开始计时（天使面：4 分钟；直面：6 分钟；贝壳面：10 分钟）。

3 时间到就立即关火，沥干水分，加入橄榄油（1 汤匙）混拌均匀，以防止面条粘黏在一起。

4 依照需求量分装至密封盒内，快速降温后将 3 天内会吃完的份数冷藏，其余可冷冻保存 1 个月。

5 不同种类或品牌的意大利面，煮熟之后重量不尽相同（天使面：熟重约 1140g；直面、贝壳面：熟重约 960g），但是它们的总热量非常相近，重点在于一包意大利面煮熟之后要分成几份，才是符合自己的热量、碳水化合物需求的呢？下表提供给大家参考。

意大利面分装的热量参考

1 份 （总热量/碳水化合物）	分装成 5 份 （总热量/碳水化合物）	分装成 6 份 （总热量/碳水化合物）	分装成 7 份 （总热量/碳水化合物）	分装成 8 份 （总热量/碳水化合物）
1930kcal/370g	386kcal/74g	322kcal/62g	276kcal/53g	241kcal/46g

注 总热量/碳水化合物是以意大利面 500g 加上混拌用的橄榄油 1 汤匙计算而得。

面包类

根据原料比例、制作方式的不同，常见的面包大略分为以下几种。但我们也会发现，它们在营养价值上差异不大，如果想要吃得更健康，也许可以偶尔换成口感比较硬的全麦、杂粮类面包，不仅微量营养素含量高，GI 值也比较低。

常见面包的营养素分析参考

每 100 克 可食重量	法国长棍	厚片吐司	汤种吐司	软法面包	佛卡夏
热量（kcal）	226	295.7	251.4	299.3	249.0
蛋白质（g）	7	9.7	8.4	9.6	8.8
碳水化合物（g）	46.3	50	50.5	54.6	35.8
脂肪（g）	1	6.3	8.8	4.7	7.9

根茎类

以同样重量相比，根茎类的热量分别是芋头 > 地瓜 > 山药 > 马铃薯 > 南瓜 > 莲藕，因此减重期间若想吃到低热量又有饱足感的根茎类食物，选择南瓜、马铃薯、莲藕为佳。根茎类的膳食纤维大部分位于表皮上，只要连皮吃，就可摄取到更多的膳食纤维。另外，有部分的根茎类煮熟放凉后会产生"抗性淀粉"，抗性淀粉类似膳食纤维，不易被人体肠道所消化，可刺激肠胃蠕动、增加饱足感及维持血糖恒定，所以对于控制热量的朋友也是一种选择。

根茎类营养分析比较参考

每100克 可食重量	芋头	地瓜	山药	马铃薯	南瓜	莲藕
热量（kcal）	128	114	87	77	74	65
糖类（g）	26.4	25.4	18.1	15.8	17.3	13.5
蛋白质（g）	2.5	1.8	2.9	2.6	1.9	2
脂质（gl）	1.1	0.2	0.1	0.2	0.2	0.2
膳食纤维（g）	2.3	2.4	1.3	1.3	2.5	3.3

注 表格中数字仅供参考。

别再错怪马铃薯了

薯条、薯饼、洋芋片、焗烤马铃薯……这些听起来好像热量很高的食物，其实罪恶的根源在于它们的烹调方式和配料，而不是马铃薯本身。只要烹煮得当，马铃薯的抗性淀粉并不会让人夸张地发胖。提供以下烹调方式给大家作参考。

方法A 最简便快速——微波

将马铃薯放进微波容器里，每次加热以30秒为单位，加热至筷子可以穿透为止，微波时间长短因微波炉功率与马铃薯重量而异，以1000W的微波炉为例，加热时间参考如下表。

马铃薯重量	100克以内	150~200克	200~250克
微波加热时间	2~3分钟	4~5分钟	5~6分钟

方法 B 整颗带皮"水煮"，切块之后"蒸"

两者烹调原则都一样，加热至筷子可以穿透为止，差别在于如果想要保持完整的马铃薯，用水煮方式会比锅蒸快，切块马铃薯则较适合用锅蒸，以免水煮过程中，部分马铃薯被化入水里，切块之后记得冲洗掉表面的淀粉质，以免蒸出黑黑丑丑的马铃薯。

马铃薯也可以比照米饭、意大利面的储存方式，将蒸、煮好的马铃薯依照需求量分装至密封盒内，盖上盖子，需留透气孔让水蒸气排出，快速降温之后将 3 天内会吃完的份数冷藏，其余可冷冻保存 1 个月。冷冻过后的马铃薯，在解冻过后会出水，口感不佳，不适合直接食用，但可将水分挤干后用于制作后面介绍的马铃薯溏心蛋沙拉和鲜虾马铃薯煎饼。

水果篇

水果主要的营养成分是碳水化合物，蛋白质及脂肪几乎趋近于零。在常见水果中，奇异果及芭乐含有较丰富的维生素 C（天然的抗氧化剂），对运动一族而言，可减少运动过程带来的氧化压力，帮助恢复体力。香蕉则含有丰富的钾、磷，可预防抽筋、调整血压。西瓜水分含量高，相较于其他水果的碳水化合物含量较低，是适合夏天补充水分的水果种类（但不宜吃过量）。芒果维生素 A 含量高，维生素 A 也具有抗氧化功能，对皮肤黏膜、眼睛具有保护作用。小番茄则含有丰富茄红素，可增强抵抗力。

常见水果营养分析比较参考

每 100 克可食重量	香蕉	荔枝	奇异果	芒果	水梨	凤梨	苹果	芭乐	西瓜	小番茄
热量（kcal）	106	65	56	54	53	53	49	38	33	33
糖类（g）	22.1	16.5	14	13.8	14.1	13.6	13	9.8	8	7.3
蛋白质（g）	1.5	1	1.1	0.6	0.3	0.7	0.3	0.7	0.8	0.9
脂质（g）	0.1	0.2	0.3	0.3	0.2	0.1	0.2	0.1	0.1	0.2
膳食纤维（g）	1.6	0.8	2.7	1	2.1	1.1	1.5	3.3	0.3	1.7
维生素 C（mg）	10.7	0.1	73	14.3	4.6	12	3.1	137.9	6.8	43.5
维生素 E（mg）	0.3	52.3	1.69	1.07	0.13	0.04	0.07	0.25	0.05	0.93

注　表格中数字仅供参考。

油脂篇：油脂、坚果种子类

油脂分为 3 种，饱和脂肪酸、单元不饱和脂肪酸、多元不饱和脂肪酸，其中单元不饱和脂肪酸是我们日常生活中较缺乏的油脂，所以可多选用单元不饱和脂肪酸比例较高的橄榄油、酪梨油以及苦茶油。此外，多元不饱和脂肪酸比例高的葵花子油、芝麻油、花生油也适合作为烹调用油来交替使用。最重要的是平常要减少使用黄油、猪油、椰子油，因为这三种油脂主要是以饱和脂肪酸为主，摄取过多较易增加患心血管病的风险。

营养师特别提醒，油脂本身放久或者碰到高温较容易变质、氧化，所以购买时建议买小瓶装，不要因为便宜买大罐的，放到变质反而不利于健康。

此外，坚果也是非常重要的单元不饱和脂肪酸来源。日常可以每餐食用一茶匙的坚果，每日补充不饱和脂肪酸。

降低烹调油脂用量的方法

善用肉类自体脂肪

除非你正处于严格控管热量的减脂期，否则梅花猪肉和鸡腿排都是很好的选择，我们可以用一些方法来降低这两种肉品的含脂率。

每茶匙（5克）可食重量	葵花子油	大豆油	芝麻油	橄榄油	芥花油
热量（kcal）	44	44	44	44	44
糖类（g）	0	0	0	0	0
蛋白质（g）	0	0	0	0	0
脂质（g）	5	5	5	5	5
膳食纤维	—	—	—	—	—
维生素E（mg）	2.28	4.04	2.55	0.9	2.25

整块梅花猪肉

将较集中的脂肪切除后，切割成适口大小，接着用锅煎出油脂后再开始炖煮，在炖煮过程还会再溶出部分油脂并浮出汤面，炖煮完成再捞除或是等冷藏过后油脂凝结，会更好捞除。

【相关食谱——马铃薯炖肉】

梅花猪肉切片

烹调时若使用不粘锅，可以完全不用加油，热锅之后放入肉片，用锅铲轻压在油脂较多的部位，逼出部分油脂，倒掉溶出的油脂再加入其他配料拌炒。

【相关食谱——松露蘑菇肉片意大利面、姜烧猪肉板豆腐、泡菜猪肉炒年糕】

去骨鸡腿排

同梅花猪肉一样，烹调时若是使用不粘锅，可以完全不用加油，热锅之后将鸡腿排鸡皮朝下放入锅中，然后在上面压一个碗盘，利用重力让鸡皮贴紧锅面逼出皮下脂肪，鸡皮煎到焦糖色之后即可翻面，倒掉多余油脂，再接着后续的烹调步骤。

【相关食谱——意式猎人炖鸡、锅煎泰式椒麻鸡、鸡肉亲子丼、香煎鸡腿排、辣炒鸡腿排盖饭】

用对器具也能减低油脂量

方法A 使用不粘锅具

料理的味道，不仅来自食材本身和调味，烹调方式也是风味来源之一，即便是不加任何调味品和油的干煎鸡肉与水煮鸡肉相比，味道也是有差别的。不粘锅具是既能保有烹调风味，又能降低用油量的好帮手。

大家对不粘锅具的最大疑虑，莫过于涂层脱落的问题，其实我们只要注意以下几点，便可放心使用。

1　购买时选择有信誉的品牌。

2　烹调时使用耐热硅胶类的软质锅铲，严禁使用金属或其他硬质锅铲，否则会造成肉眼不易察觉的刮痕，缩短锅具的使用寿命。

3　避免烹调带壳的食材，以免刮伤锅面。

4　避免高温爆炒或需要长时间高温加热的烹调方式（例如煎牛排或肉排），不粘锅的耐受温度在 250~260° C，愈接近此温度，涂层脱落的概率就越高。

5 避免空烧锅具，冷锅冷油开始加热。

6 避免锅在煎、炒完料理后直接用冷水冲洗，因为温度骤降会让金属收缩，增加涂层脱落的概率。若着急使用可用热水冲洗，并且先冲锅底再洗锅面，以降低温度落差造成涂层脱落的风险。

7 当锅具出现刮痕或烹调时开始粘黏时，说明涂层开始脱落，为了安全应立即更换锅具。

8 正确的观念与使用习惯，可确保食品安全与延长锅具使用寿命。

方法 B 用水取代油脂，当成加热介质

油脂在料理中扮演的不仅是风味来源或是催化者的角色，也是加速食物熟成的重要介质，在不影响料理风味的情况下，可以用水取代油脂当成加热介质，不仅加速了食物的熟成，也降低了热量摄取。我的习惯是将水装在挤压瓶里使用，以方便在烹调过程中能精确掌控用量，"先煎后煮"是我最常用的烹调方式，先用油煎提升食材风味，再用水煮加速熟成，像书中的"罗勒番茄鸡柳天使冷面"和"苹果鸡柳冷拌天使面"食谱里的"油煎"鸡柳，就可以改用"水煎"的方式烹调，做法如下。

在不粘锅中加入 1~2 滴食用油，用厨房纸巾或耐热刷将油抹开（煎鸡柳的范围即可），热锅后将鸡柳表面煎出焦糖色，接着加入适量温水或热水（不会让锅干烧的水量，以免伤锅），盖上锅盖煮 2 分钟即可。

如果制作"先加油煎、炒过再加水烹调"的料理，在加水时可以手持锅盖稍微挡一下，以避免油爆喷到自己。

蔬菜瓜果篇

蔬菜含有丰富的维生素、矿物质、膳食纤维等，其中膳食纤维能维持肠道健康，作为肠道的能量来源，维护肠道菌群，可增加肠胃道蠕动、预防便秘。有句俗话："肠道若是好，人的免疫力就会好。"可见肠道健康对我们的重要性。十字花科蔬菜（如高丽菜、花椰菜）因含有丰富的吲哚，可预防各种癌症的发生及预防中风、心血管疾病，是我们人体的防护墙。此外，深绿色蔬菜富含叶绿素，钙也比一般蔬菜多，无法从乳制品中获取钙的朋友，可选择深绿色蔬菜来补充。

以下将蔬菜以不同颜色区分来介绍。

1 **白色（洋葱、大蒜）**：白色的蔬菜富含硫化物，是人体重要的抗氧化剂，能够清除体内的自由基，保护人体免于氧化伤害，且可预防癌症、高血压等疾病。

2 **橘黄色（胡萝卜）**：橘黄色蔬菜富含多种维生素及 β－ 胡萝卜素，除了同样担任抗氧化剂的角色，还能保护黏膜上皮组织及眼睛。

3 **红色（红椒、番茄）**：红色蔬菜富含茄红素，能降低 LDL 氧化，减少心血管疾病发生的概率。

4 **紫色（茄子）**：紫色蔬果含有花青素，也是抗氧化剂之一，可保护体内细胞免于伤害，具有抗氧化、抗发炎作用，并且有研究证实对于糖尿病有预防效果。

最后要提醒大家，有一些长得像瓜果的根茎类，其实它是"碳水化合物含量较高的淀粉类蔬菜"，如牛蒡、山药、玉米等，如果你正在减糖，需留意摄取分量。

简单3个步骤，一次搞定多天菜色

以前在餐厅工作时，厨房团队习惯以有限的食材，制备出最多份数的相同菜色，这样的方法是为了因应出餐需求的缘故。但在家吃饭的需求则是以有限食材，变化出最多样的菜色，为日常饮食带来新鲜感。因为没有人希望连续好几天都吃一样的菜色，所以在家下厨反而特别伤脑筋，每天都要不一样。

为了让大家在家也能活用"餐厅备料"的方式，以下整理出一套观念，用3个步骤就能一次搞定多天菜色，你可以自行运用采买日或周末的时间，依以下流程来买食材，这样在每个运动日要下厨时，就能更加方便。

> **步骤1** 从书中选出当下最想吃的一道料理
> **步骤2** 先以食谱里的"主体食材"去延伸料理选项，再将"配角食材"纳入考量
> **步骤3** 综合考量食材包装规格、冰箱储存空间、备餐天数，决定自己的菜单和采购清单

【举例】

今天我想吃"锅煎泰式椒麻鸡"，食谱里面用到的蔬菜类食材有大蒜、香菜、辣椒、番茄、胡萝卜、高丽菜。

其中大蒜、香菜、辣椒是我原本就会有的常备食材，番茄、胡萝卜在这道菜里只是扮演小配角，所以暂时不去考虑它们。而高丽菜则是这道料理配菜的主体，而且它的包装规格对我来说分量偏多，如果只用在这道菜的话，不知何时才能吃完，所以我就会把它当成后面一些菜式的料理选项（松露蕈菇蔬菜豆乳汤、鸡肉亲子丼、泡菜猪肉炒年糕），综合考虑之后再决定出我的菜单和采购清单。如果想要一次准备多天菜色，可以用此方法。

备料基本概念

蔬菜瓜果、辛香料因属性不同，保存与制备方式也会有所差异，主要分成3种方式："烹调前清洗制备""当天清洗制备""可预先清洗制备"。

其中"可预先清洗制备"是指：经过清洗、切割之后放入密封盒内，可冷藏保存2~3天，部分品项可冷冻保存1个月，详尽内容请参阅后面的表格。

清洗大原则

先将根部切除或是将表层看得见沙土的部分刷洗干净，放入水盆，用细小水流溢流数分钟。

若是要切割保存的蔬菜瓜果，再用开水冲洗一下，然后用厨房纸巾将水分擦干，如此可延长切割后的保存期限。

锅煎泰式椒麻鸡——→高丽菜〔主食材〕·················•→ 此为采买重点→
               ——→大蒜、香菜、辣椒〔常备香料〕   延伸料理：
               ——→番茄、胡萝卜〔小配角〕   松露蕈菇蔬菜豆乳汤
                                              鸡肉亲子丼
                                              泡菜猪肉炒年糕

备料保存原则

    每种蔬菜瓜果各自存放，不要混杂放在一起，烹调当天再依照食谱内容，把同一步骤的食材放在一起，这样不仅能简化流程，还可降低操作失误率。

特殊食材说明

1 青花菜：清洗干净，用浸泡盐水或氽烫的方式去除小虫，再开始烹煮。

2 美生菜：清洗干净，浸泡冰水数分钟，可增加爽脆的口感。

3 鸿喜菇：切除根部黑黑的部分即可，无须清洗。

4 蘑菇：可用流动的水快速冲洗后，用厨房纸巾将水分擦干，以免影响烹调后的口感。

犒赏运动后的自己！
百变风格料理

扫码观看
并跟练！

做菜真的没有那么难。只要建立一些基本观念和随手习惯，在家也可以轻松做出餐厅等级的料理。但在这之前，有一些工具、小技巧可以帮助你事半功倍，甚至可以让料理变得更加好吃！

温度计和计时器是快速提升料理功力的必备神器

要用多大火候、多长时间煎出一块五分熟的牛排？一般来说，厨师可以从牛排外观颜色的变化、手指轻触牛肉组织的回弹状态等判断出来，但是这需要长时间不断反复练习才可以。

烹调就是掌握温度与时间的对应关系，所以即便我们没有厨师的经验，也可以借由温度计和计时器，用明确的数字来帮助我们判断。

除了温度计和计时器外，电子秤、量杯、量匙也是确保料理品质的必备用具，只要能控制好食材与调味料的配比关系，料理就已经成功一半了，除非你有非常敏锐的手感、直觉，不然千万不要因为觉得麻烦而省略量测的动作，否则明明是做同一道菜，但是每次味道好像都不太一样。此外，量测出食材的确实分量，更能精确掌控热量及营养摄取量。

养成随手记录的习惯，加速料理经验积累

不是每个人都能拥有大厨般的天赋与精湛厨艺，但人人都可以用科学家的精神来提升自己的料理功力，养成随手记录数据（分量、温度、时间）的习惯，你会发现许多关于料理问题的答案，就在这些数字中。

在家做菜为何总是少味道？

大家是否也这样觉得，饭店的菜总是特别香，在家里不管怎么炒就是少了那么一点儿味道。

没错，是真的少一味，那就是高温爆炒所带出的风味，这是必须要有给力的炉火和足量的油脂才能炒出的

滋味。我曾经在家尝试过这样的炒法，结果除了因为火光四射惊吓到邻居外，高温高油产生的油烟，搭配上家里吸力不足的抽油烟机，真的是用生命在做菜。

我想告诉大家，即便是一模一样的食材、食谱，同一个人在做相同的料理，也会因为火候控制方式的不同，呈现出不同的风味差异。所以即便我们在家无法高温爆炒，但还是可以试着用不同火候去烹调同一道菜，或许能做出独家风味的料理。

大蒜压碎器是我心中最好用的厨房小物

不知道大家发现没有，在中式、西式、异国料理中，大蒜独挑大梁的机会不多，但总是扮演着不可或缺的角色，出现频率仅次于洋葱。使用大蒜压碎器的好处是方便、快速、味道不沾手，也因为能将大蒜压得细碎，使其风味释放更完全，更能均匀分布在料理之中。

特殊食材能为料理加分

去大型超市购物时，不妨顺便选购一些一般超市买不到的特殊食材，回家满足一下对于未知食材的好奇心。分享一下我的购物清单：松露蕈菇酱、马苏里拉奶酪、柠檬叶、香茅、甜罗勒、芝麻菜。

虽然这些食材在本书食谱中都有标注，可用替代品或可省略不用，但有机会还是要尝一尝，打开自己的味蕾，也是一件非常令人期待的事。

最后提醒大家，下厨之前，先依照食谱步骤摆好器具、备好食材，因为对于料理新手而言，事先准备是避免烹调过程中发生失误的最好方式。

下厨之前，先依照食谱步骤摆好器具、备好食材，是确保烹调零失误的窍门。

奢华的松露滋味
MENU

1. 松露奶酪欧姆蛋 — 减脂推荐
2. 松露炖蛋普切塔 — 减脂推荐
3. 松露法式吐司 — 增肌推荐
4. 松露蘑菇肉片意大利面 — 增肌推荐
5. 栉瓜鸡丁松露蛋炒饭 — 减糖推荐
6. 锅煎牛排松露黄油拌饭 — 增肌推荐
7. 松露蕈菇蔬菜豆乳汤 — 减糖推荐

地中海餐桌小旅行
MENU

1. 卡布里鸡肉沙拉 — 减脂推荐
2. 玛格丽特吐司比萨 — 减糖推荐
3. 西西里海鲜冷盘 — 减糖推荐
4. 罗勒番茄鸡柳天使冷面 — 减糖推荐
5. 炉烤牛排佛卡夏 — 减糖推荐
6. 米兰风味脆皮猪排 — 减脂推荐
7. 鲜虾贝壳面 — 减糖推荐
8. 那布勒斯烘蛋 — 减糖推荐
9. 尼斯风味煎鲑鱼沙拉 — 减糖推荐
10. 意式猎人炖鸡 — 减糖推荐

日式经典家常滋味
MENU

1. 马铃薯溏心蛋沙拉 — 增肌推荐
2. 鸡肉亲子丼 — 减脂推荐
3. 马铃薯炖肉 — 减糖推荐
4. 香煎鸡腿排 — 减糖推荐
5. 姜烧猪肉板豆腐 — 减糖推荐
6. 牛肉寿喜烧 — 减糖推荐
7. 香煎鲑鱼沙拉 — 减糖推荐

食欲大开韩式风味
MENU

1. 鲜虾马铃薯煎饼 — 减糖推荐
2. 辣炒鸡腿排盖饭 — 减糖推荐
3. 韩式烧肉粉条 — 减糖推荐
4. 苹果鸡柳冷拌天使面 — 增肌推荐
5. 泡菜猪肉炒年糕 — 减糖推荐
6. 酱烧牛排铁锅拌饭 — 减糖推荐

鱼露飘香东南亚风味
MENU

1. 风味串烧牛排 — 减糖推荐
2. 菲律宾柠檬烤鸡腿 — 减脂推荐
3. 菲律宾凤梨猪排沙拉 — 减脂推荐
4. 泰式柠檬鱼 — 减脂推荐
5. 泰式干拌鲜虾冬粉 — 增肌推荐
6. 锅煎泰式椒麻鸡 — 减糖推荐
7. 越式清炖牛腱 — 减糖推荐
8. 越南三明治 — 增肌推荐
9. 越南生牛肉河粉 — 减糖推荐
10. 鱼露炒牛肉空心菜 — 减糖推荐

关于调味料的测量

书中的调味料皆以标准量匙标示，换算如下：

1汤匙→15mL
1茶匙→5mL
1/2茶匙→2.5mL
1/4茶匙→1.25mL
1/8茶匙→0.625mL

注：有些料理量匙是以1mL的规格取代1/4茶匙，可依照以上数据斟酌分量。

奢华的松露滋味

认 真运动很辛苦，用奢华的松露来犒赏努力运动后的自己吧！松露酱是百搭酱料，和肉类、海鲜、米饭面类、蛋料理等都很搭配，对于调味不是那么在行的料理新手来说，利用一罐好用的酱就能立刻做出厉害的料理，让你下厨更有信心。

松露总给人一种高级感，的确，它所散发出的迷人气味是没有任何食材可以比拟的，虽然平时少有机会吃到松露，但松露酱是个很棒的替代品，不仅可以为你的料理增添香气，同时也能提升食欲。好好吃饭才能努力运动。

CHEF'S
RECOMMENDATION
主厨推荐

一味多用：松露酱

松露酱如同新鲜松露，分成黑松露酱与白松露酱，松露的含量在5%~10%，主体食材为蘑菇居多，占50%以上，每个品牌都有各自的组成配方，因此在风味上会有所差异。由于它是复合配方的酱料，所以选购时，挑选你喜欢的风味才是最重要的。

此外，松露酱乍看之下是个植物性酱料，但其实有些品牌的成分里会有荤食（如鳀鱼），如果是素食者，记得要细看一下成分。

松露菌菇酱在开罐之后必须冷藏保存2~3周，首次购买时，建议先买最小罐装，以确保能在有效期内食用完毕，也可以加快更换品牌的时间，比较风味差异后再决定是否购买大罐装。

松露奶酪欧姆蛋

材料 >>

鸡蛋2个，松露酱1茶匙，盐1/8茶匙，黄油或食用油1茶匙，奶酪丝20g

做法 >>

1 鸡蛋、松露酱与盐一同打散，备用。

2 在平底锅中放入黄油，以小火加热至完全熔化，倒入蛋液。

3 煎出八分熟的蛋皮后关火，放入奶酪丝，将蛋皮内折，塑形成椭圆状即完成。

营养师小知识

鸡蛋与奶酪丝携手提供了近20g的蛋白质，作为女生运动后的补充是最再适合不过的。男生的话，不妨稍稍增加一点分量或搭配一杯牛奶，让蛋白质更加充裕。奶酪丝也含丰富的钙质，健身的朋友千万别错过这道料理。

营养分析				
热量	蛋白质	碳水化合物	脂肪	膳食纤维
257kcal	18g	3g	20g	0g

增肌或减脂替换					
主要蛋白质来源	分量	热量	蛋白质	碳水化合物	脂肪
鸡蛋（1个）	55g	74kcal	7g	1g	5g
奶酪丝	100g	333kcal	20g	4g	27g

CHEF'S NOTES 主厨笔记

鸡蛋是非常好的优质蛋白来源，如果你已经吃腻了水煮蛋、荷包蛋、水波蛋这些单调的品种，不妨改试做欧姆蛋。黄油、鸡蛋、奶酪是最基本的组合，只要加上少许松露酱，无需任何配料，就可以把它提升到另一个风味层次。

想煎出漂亮的欧姆蛋，用对器具很重要，不粘锅和软质耐热硅胶刮刀是最好的组合。不粘锅可以确保煎出光滑完整的蛋皮，使用软质的耐热硅胶刮刀帮助塑形时更加顺手，且不易弄破蛋皮。

松露炖蛋普切塔

材料>>>

鸡蛋2个,奶酪丝20g,牛奶20g,松露酱1茶匙,法棍或自选面包酌量

做法>>>

烤面包片

1 烤箱预热至200℃。

2 将法棍切片(厚度约2cm),放入烤箱烘烤约3分钟后翻面,再烤3分钟(实际时间依照烤箱功率及个人喜好调整)。

松露炖蛋

1 在微波容器里依序放入鸡蛋、奶酪丝、牛奶。

2 盖上盖子,微波30秒后取出,用剪刀将蛋白剪碎后搅拌均匀。

3 重复上一步骤动作,微波时间逐次递减,20秒→10秒→10秒……,以此类推,直到得到个人喜好的浓稠度(以上时间为功率1000W的微波炉所做的设定,不同功率的微波炉需再斟酌调整时间)。

4 加入松露酱搅拌均匀,搭配面包片享用。

营养师小知识

碳水化合物搭配蛋白质才能更有效地帮助身体修复、合成肌肉。运动后补充碳水化合物,还能够为肌肉储存能量,使下一次的运动训练有更多体力。面包的分量是增肌的关键,别忘了配上3~4块法棍面包,补充足够的碳水化合物。

营养分析

热量	蛋白质	碳水化合物	脂肪	膳食纤维
233kcal	19g	4g	16g	—

增肌或减脂替换

主要蛋白质来源	分量	热量	蛋白质	碳水化合物	脂肪
鸡蛋(1个)	55g	74kcal	7g	1g	5g
奶酪丝	100g	333kcal	20g	4g	7g

CHEF'S NOTES 主厨笔记

刚运动完还有点儿口干舌燥吗?炖蛋湿润顺滑的口感让我们轻松入口、尽情享受。如果今天强度有点儿高,那就来份松露炖蛋普切塔吧!普切塔Bruschetta在意大利文的原意是"在炭火上烤",指的是炭烤过的面包。只要将鸡蛋加入奶酪、牛奶、松露酱,微波至半熟状态后拌匀,搭配上烤过的面包片,非常简单的搭配组合,却让人回味无穷。

松露法式吐司

材料 >>

鸡蛋1个，松露酱1茶匙，吐司或自选面包2片，食用油或黄油1茶匙，白糖粉酌量

做法 >>

1 将鸡蛋全蛋打发后加入松露酱拌匀，备用。
2 在平底锅中倒入食用油，以小火热锅，吐司蘸上做法1的蛋液后放入锅中，将吐司表面的蛋液煎熟即可起锅。
3 最后撒上白糖粉即完成。

营养师小知识

蘸上蛋液的法式吐司比一般面包多了更多的蛋白质，丰富的碳水化合物与蛋白质刚好在增肌所需的（2~4）：1完美比例之间。体重较重、肌肉量较多的人，可再额外加1个蛋；需要控制热量的朋友，则稍微减少奶油和白糖的量或适量食用，降低热量摄取。

营养分析

热量	蛋白质	碳水化合物	脂肪	膳食纤维
302kcal	13g	32g	14g	2g

增肌或减脂替换

主要蛋白质来源	分量	热量	蛋白质	碳水化合物	脂肪
鸡蛋（1个）	55g	74kcal	7g	1g	5g
主要碳水化合物来源	分量	热量	蛋白质	碳水化合物	脂肪
白吐司	100g	283kcal	10g	49g	6g
糖粉	1g	4kcal	0g	1g	0g

松露酱 Truffle Sauce 03

CHEF'S NOTES 主厨笔记

法式吐司的传统做法是将鸡蛋打散后加入牛奶或淡奶油、香草籽或香草精混拌均匀，接着放入面包片蘸足蛋液后再下锅煎。但由于加了牛奶或淡奶油，增加了面包的蛋液吸附量，如此煎出来的法式吐司口感偏软烂。我个人喜好的是留有面包嚼劲的法式吐司，所以除在蛋液中加牛奶或淡奶油之外，还多了一个全蛋打发的程序，以减少面包的蛋液吸附量，进而煎出有嚼劲的法式吐司。

松露蘑菇 肉片意大利面

材料 >>

食用油1茶匙，板腱牛肉片或梅花猪肉片100g，洋葱（切丝）20g，松露酱1茶匙，盐1/8茶匙，牛奶150g，青花椰菜100g，蘑菇（切片）50g，意大利面1份，松露酱2茶匙，大蒜（切碎）3g，盐1/4茶匙，黑胡椒粉1/8茶匙，帕玛森奶酪粉2茶匙

准备工作 >>

1　意大利面的煮法请参阅第81页。
2　准备所有蔬菜配料。

做法 >>

1　以小火热锅，倒入食用油，放入牛肉片及洋葱丝略微拌炒开来，接着加入松露酱、盐，均匀拌炒至肉片表面完全变色即可盛盘。
2　原锅加入牛奶、青花椰菜、蘑菇、意大利面、松露酱、大蒜、盐、黑胡椒粉，均匀拌炒至个人喜好的浓稠度即可起锅。
3　最后撒上帕玛森奶酪粉即完成。

松露酱 Truffle Sauce 04

营养分析

热量	蛋白质	碳水化合物	脂肪	膳食纤维
844kcal	39g	77g	43g	4g

增肌或减脂替换

主要蛋白质来源	分量	热量	蛋白质	碳水化合物	脂肪
板腱牛肉片	100g	166kcal	20g	0g	9g
梅花猪肉片	100g	295kcal	17g	0g	25g
主要碳水化合物来源	分量	热量	蛋白质	碳水化合物	脂肪
意大利面	1份	318kcal	10g	60g	4g

注　意大利面营养数据是以1包生面（500g）煮熟后加上橄榄油（1汤匙）拌匀，分装成6份计算。

营养师小知识

一般白酱的制作过程通常会添加大量黄油，这里用牛奶取代白酱，不仅可以减少过多油脂的摄取，也能补充到钙质，再搭配蘑菇，使钙质更容易吸收。

CHEF'S NOTES 主厨笔记

白酱意大利面实际上是以优质蛋白来源的牛奶当成基底，做出一道连同酱汁都可以吃干抹净的松露风味意大利面。

栉瓜鸡丁
松露蛋炒饭

材料 >>

鸡蛋1个，松露酱2茶匙，盐1/4茶匙，米饭（冷藏或常温）1份，食用油1茶匙，鸡胸肉（切丁）100g，栉瓜（切丁）100g，洋葱（切丝）20g，大蒜（切碎）5g，盐1/8茶匙

准备工作 >>

1 煮饭的方法请参阅第80页，炒饭用的米饭要先放凉后再炒，口感更佳。
2 准备所有蔬菜配料。
3 鸡胸肉切成1cm左右的丁状备用。

做法 >>

1 鸡蛋、松露酱、盐，一同打散后放入米饭混合均匀，备用。
2 在锅中倒入食用油，以小火热锅，放入鸡丁拌炒开来，接着放入蔬菜配料、盐，均匀拌炒至鸡肉表面完全变色。
3 倒入做法1的米饭，均匀拌炒至粒粒分明即完成。

营养师小知识

看完营养标示有发现吗？这道炒饭的脂肪含量并不高。对于健身、运动一族来说，控制饱和脂肪酸也是很重要的。这道料理选用鸡胸肉，使用少量的烹调用油，让主要的热量由蛋白质、碳水化合物提供，加上栉瓜清脆的口感，可以轻松以低热量、低油脂的方式填满饱足感，完美做好热量管控！

松露酱 Truffle Sauce 05

营养分析

热量	蛋白质	碳水化合物	脂肪	膳食纤维
552kcal	39g	67g	14g	2g

增肌或减脂替换

主要蛋白质来源	分量	热量	蛋白质	碳水化合物	脂肪
鸡胸肉	100g	119kcal	23g	0g	2g
鸡蛋（1个）	55g	74kcal	7g	1g	5g
主要碳水化合物来源	分量	热量	蛋白质	碳水化合物	脂肪
米饭	78g	277kcal	5g	60g	1g

注 米饭营养数据是以1个米量杯的生米（155g）煮熟后，分装成2份计算。

CHEF'S NOTES 主厨笔记

为了快速炒出粒粒分明并且充满鸡蛋香气的炒饭，外面餐厅的用油量很大，不信下次在外面吃完炒饭后，看看盘底的残油量。

其实只要先将鸡蛋和冷饭拌匀，加入少许的油脂，就可以炒出粒粒分明又健康的黄金蛋炒饭了。炒饭的鸡蛋香气明显

与否和用油量有直接关联，加入松露酱拌炒可弥补因降低油量所造成的香气不足。

锅煎牛排松露黄油拌饭

材料 >>

锅煎牛排（510kcal）

板腱牛排200g，食用油1茶匙，盐酌量，黑胡椒酌量

蔬菜配料（36kcal）

番茄（切块）或小番茄（剖半）100g，芦笋（切段）100g，盐1/8茶匙，黑胡椒粉酌量，干燥辣椒片酌量

松露黄油拌饭（326kcal）

米饭1份，黄油5g，蒜泥5g，松露酱1茶匙，盐酌量

准备工作 >>

1 解冻牛排的方法请参阅第76页。

2 煮饭的方法请参阅第80页。

3 准备所有蔬菜配料。

做法 >>

1 用厨房纸巾将牛排表面水分擦干。

2 以小火热锅，倒入食用油，放入牛排并且调味，烹调至喜好熟度即可起锅，静置5分钟后再分切，以免肉汁快速流失（锅煎牛排的方法请参阅76页）。

3 煎牛排时可将配菜放入锅中一起烹调，将番茄、芦笋段表面煎至略带焦糖色，加入调味料拌匀后即可起锅。

松露黄油拌饭

将黄油放入热饭中软化之后，加入蒜泥、松露酱、盐，混合均匀即可盛盘。

营养师小知识

40g以上的蛋白质，对所有运动一族来说都是超级足够的餐点，牛板腱所含有的脂肪不高，让整道料理控制在非常适合运动后享用的热量。大量的牛肉含有丰富的蛋白质与铁质，如果你今天完成了适当的训练，刚好可以补充肌肉、红细胞最需要的营养素！

营养分析

热量	蛋白质	碳水化合物	脂肪	膳食纤维
873kcal	43g	72g	47g	3g

增肌或减脂替换

主要蛋白质来源	分量	热量	蛋白质	碳水化合物	脂肪
板腱牛排	100g	166kcal	20kcal	0g	9g
主要碳水化合物来源	分量	热量	蛋白质	碳水化合物	脂肪
米饭	78g	277kcal	5g	60g	1g
牛番茄（红）	100g	17kcal	1g	4g	0g
小番茄（红）	100g	30kcal	1g	7g	0g

注 米饭营养数据是以1个米量杯的生米（155g）煮熟后，分装成2份计算。

CHEF'S NOTES 主厨笔记

热热的米饭将黄油软化后加入蒜泥和松露酱拌匀，是这道料理最美味的部分。虽然黄油绝对不会是营养师们建议经常食用的油脂，但偶尔用它来慰藉一下运动辛劳应该不为过。你也可以试试只加松露酱和蒜泥的做法。

松露蕈菇蔬菜豆乳汤

材料 >>

无糖豆浆300mL，松露酱2茶匙，盐1/4茶匙，娃娃菜(切片)100g，鸿喜菇(切除底部)50g，玉米笋(剖半)30g，洋葱(切丝)20g，大蒜(拍碎)10g，板豆腐(切片)100g

准备工作 >>

1 准备所有蔬菜配料。
2 板豆腐切片，备用。

做法 >>

1 在汤锅中依序放入所有配料，将蔬菜煮至个人喜好的口感即可。
2 试喝汤头咸度，斟酌调味即可。

营养分析

热量	蛋白质	碳水化合物	脂肪	膳食纤维
278kcal	26g	19g	13g	6g

增肌或减脂替换

主要蛋白质来源	分量	热量	蛋白质	碳水化合物	脂肪
无糖豆浆	100g	39kcal	4g	0g	3g
板豆腐	100g	87kcal	9g	6g	3g
主要碳水化合物来源	分量	热量	蛋白质	碳水化合物	脂肪
板豆腐	100g	87kcal	9g	6g	3g

营养师小知识

豆浆和板豆腐是植物中最优质的蛋白质，而且相较于肉类，含有更少的饱和脂肪酸，以液体的方式补充不仅容易入口，还能同时摄取体液，防止运动后流汗过多造成脱水。另外，板豆腐在制作过程中加入了硫酸钙，也能帮助我们额外补充钙质。

CHEF'S NOTES 主厨笔记

1.用无糖豆浆当基底，加入松露酱调味，搭配一些自己喜欢吃的蔬菜和豆腐，这是在我不想吃肉的时候，用来补充蛋白质的方法。

2.娃娃菜也可用高丽菜切片来代替。鸿喜菇也可改用蘑菇切片。

延伸料理
板豆腐延伸料理→姜烧猪肉板豆腐、牛肉寿喜烧。

地中海餐桌小旅行

地中海邻近国家的料理风格，以橄榄油作为主要摄取的油脂来源，葡萄酿制的醋则是不可或缺的调味品，其中以巴萨米克醋最具代表性。此外，会大量使用番茄、甜椒、栉瓜等多色蔬菜和香草，这种能呈现出食材本身风味的简单烹调手法，是目前世界上公认的健康饮食方式。想在家实践此料理风格并不难，只要你有好品质的橄榄油、巴萨米克醋、罐装番茄，就能应用变化出多道地中海料理来。以下介绍一下各食材特点。

CHEF'S RECOMMENDATION
主厨推荐

一味多用：橄榄油

橄榄油

主要分为 3 个等级，特级初榨橄榄油、初榨橄榄油和橄榄油（纯橄榄油），其中特级初榨橄榄油营养价值最高，富含橄榄多酚、维生素和不饱和脂肪酸 Omega-9。特级初榨橄榄油的种类繁多，风味多元有个性，如果你不喜欢它本身的风味，可以选购加入天然食材调味的风味橄榄油，如柠檬、罗勒、大蒜口味，都是非常好的选择。

巴萨米克醋

是由葡萄连皮榨汁熬煮浓缩后进行发酵、陈放熟成所制成的醋，相较于一般的红酒醋和白酒醋更有风味层次，口感也更加温润，是一种辨识度高却又能与其他食材和谐共存的百搭调味品。

巴萨米克醋陈放的时间愈久，质地愈浓稠、甜味愈明显、尾韵愈圆润，当然售价也愈高。如果预算不多，但又想要浓稠质地、口感不酸的醋，那么巴萨米克醋膏是个好选择。它是用短时间熟成的巴萨米克醋加入糊化玉米淀粉和玉米糖胶所制造而成，因而呈现浓稠的膏状，淋在食物上时不易化开，可作画盘使用。

一味多用：巴萨米克醋

罐装番茄

　　罐装番茄的主要成分是番茄、番茄汁、柠檬酸（调整酸度），有些品牌会加盐来增添风味，依照其风味浓郁度（由浓至淡）分成4种：番茄糊、番茄泥、番茄沙司、去皮番茄（整粒／切丁）。用途与目的视料理而定，以书中食谱为例，选用"切丁去皮番茄"，加入"意式猎人炖鸡"中是为了加强番茄风味与汤汁浓稠度，而添加在"鲜虾贝壳面"中主要目的则是为了增加酱汁的浓郁度与层次感，使用量上都可依照个人喜好斟酌。

一味多用：罐装番茄

SAUCE
让料理更多变的自制调料
尼斯风味料

如果你和我一样，是个重口味料理偏好者，那么鳀鱼、酸豆、橄榄，这三样地中海料理风味食材绝对是必备品，用它们做成"尼斯风味料"，做法请参阅第114页。做好的尼斯风味料可冷冻常备于冰箱里，当胃口不好时，它会让你食指大动。

运用"尼斯风味料"再加上白酒和罐装番茄碎当基底，搭配鸡腿排、洋葱、牛番茄、蘑菇，炖煮成多餐份料理，如同准备面、米饭的方法，依照个人需求量分装，将3天内要吃的份数冷藏保存，其余的冷冻（可保存1个月），这是最有效益的备餐方式。

SAUCE
让料理更多变的自制调料
罗勒番茄丁

"罗勒番茄丁"主要是由番茄、大蒜、罗勒叶拌在一起调味而成，制作时也可以将罗勒叶换成九层塔叶或是芝麻菜，初榨橄榄油换成自己喜欢的风味油品（柠檬橄榄油、榛果油等），百搭又百变的意式料理配料非它莫属。

卡布里鸡肉沙拉

材料 >>

鸡胸肉150g，小番茄（剖半）或牛番茄（切块）100g，新鲜马苏里拉奶酪或奶酪片50g，罗勒叶或九层叶酌量，巴萨米克醋酌量，初榨橄榄油酌量，盐酌量，黑胡椒粉酌量

准备工作 >>

水煮鸡胸肉的做法请参阅第76页。

做法 >>

1 将水煮鸡胸肉切片盛盘。
2 依照个人喜好将番茄、马苏里拉奶酪、罗勒叶放入盘中，淋上巴萨米克醋、橄榄油，再以盐、黑胡椒粉调味即可。

营养分析

热量	蛋白质	碳水化合物	脂肪	膳食纤维
350kcal	45g	7g	15g	1g

增肌或减脂替换

主要蛋白质来源	分量	热量	蛋白质	碳水化合物	脂肪
鸡胸肉	100g	119kcal	23g	0g	2g
奶酪片	100g	309kcal	18g	6g	2g

营养师小知识

鸡胸肉可以说是健身、减脂人士最爱的蛋白质。想要低热量低脂肪的肉类吗？那一定非鸡胸肉莫属了。搭配的初榨橄榄油含有不饱和脂肪酸、维生素E、维生素K等抗发炎、抗氧化营养素，是很好的植物油脂来源，搭配的优质蛋白质可以减缓运动造成的发炎反应，加速修复！

CHEF'S NOTES 主厨笔记

卡布里沙拉是意式经典菜色之一，如同意大利国旗配色般的3样食材（罗勒、马苏里拉奶酪、番茄），佐以橄榄油和巴萨米克醋。水煮鸡胸肉则是我认为和它最搭配、能够各自崭露风采又不互相抢戏的肉品。

玛格丽特
吐司比萨

材料 >>

吐司或自选面包(切片)1片,鸡蛋1个,小番茄(剖半)或牛番茄(切丁)50g,奶酪丝20g,盐酌量,黑胡椒粉酌量,帕玛森奶酪粉酌量,奥勒冈叶(干燥)酌量(可省略),罗勒叶、九层塔、芝麻菜酌量

做法 >>

1 先将烤箱预热至200℃。

2 将吐司或自选面包放入耐高温的容器中,依序放入鸡蛋、番茄、奶酪丝,撒上盐、黑胡椒粉、帕玛森奶酪粉。

3 放入烤箱烘烤至蛋白全熟即可取出(8~10分钟),依照蛋黄熟度喜好斟酌时间。

4 加上奥勒冈叶(可省略)和罗勒叶即完成。

营养师小知识

很多人会觉得比萨的碳水化合物含量很高,但使用吐司自制比萨就可以精准地控制碳水化合物的摄入量,达成减糖目的。玛格丽特比萨的主角之一番茄含有茄红素,是我们都熟知的抗氧化剂,能减缓运动造成的氧化伤害。

营养分析

热量	蛋白质	碳水化合物	脂肪	膳食纤维
239kcal	15g	19g	12g	1g

增肌或减脂替换

主要蛋白质来源	分量	热量	蛋白质	碳水化合物	脂肪
鸡蛋(1个)	55g	74kcal	7g	1g	5g
主要碳水化合物来源	分量	热量	蛋白质	碳水化合物	脂肪
吐司(1片)	30g	85kcal	3g	15g	2g

CHEF'S NOTES 主厨笔记

制作方便且使用免揉面团,成品能享受到奶酪拉丝的口感,打个鸡蛋增加蛋白质更营养。平时有机会逛超市时,记得带盒甜罗勒或是芝麻菜回家,它有别于九层塔的风味,香气迷人。

西西里海鲜冷盘

材料 >>

罗勒番茄丁（23 kcal）

小番茄（剖半）或牛番茄（切丁）100g，罗勒叶或九层塔或芝麻菜3g，大蒜碎3g，盐1/8茶匙，黑胡椒粉1/8茶匙，初榨橄榄油酌量

拌海鲜（113kcal）

水1000mL，盐1茶匙，水煮虾仁70g，水煮扇贝70g，水煮鱿鱼圈70g，洋葱（切丝）20g，柠檬汁酌量，罗勒叶或九层塔或芝麻菜酌量，巴萨米克醋酌量，初榨橄榄油酌量，盐酌量，黑胡椒粉酌量

做法 >>

1 先制作罗勒番茄丁，将所有食材混合均匀，备用。

2 用盐水锅烫熟海鲜，捞出泡冰水降温，沥干水分后盛盘。

3 依照个人喜好斟酌调味、拌匀海鲜，最后加上做法1的罗勒番茄丁即完成。

营养分析

热量	蛋白质	碳水化合物	脂肪	膳食纤维
136kcal	25g	11g	1g	2g

增肌或减脂替换

主要蛋白质来源	分量	热量	蛋白质	碳水化合物	脂肪
虾仁	100g	44kcal	10g	1g	0g
扇贝	100g	57kcal	13g	2g	0g
鱿鱼圈	100g	50kcal	11g	3g	0g

营养师小知识

还记得肉类的选择可以从脚少的开始选吗？脚越少的饱和脂肪含量就越低，以各种海鲜类制成的餐点是可以安心补充大量蛋白质的料理，也由于脂肪含量低，热量更容易控制，十分适合作为减糖、减脂料理。

CHEF'S NOTES 主厨笔记

"罗勒番茄丁"是最百搭的意式料理配料，只要将番茄、大蒜、罗勒叶调味后拌匀，不管是凉拌冷盘、意大利面还是三明治、排餐配菜，只要有它全部都能搞定。柠檬汁是绝佳的提味武器，能把海鲜的香气与口感完全升华。

罗勒番茄鸡柳天使冷面

材料 >>

食用油1茶匙，鸡柳100g，天使面1份，罗勒番茄丁1份，罗勒叶或九层塔叶或芝麻菜酌量，巴萨米克醋酌量，初榨橄榄油酌量，盐酌量，黑胡椒粉酌量

准备工作 >>

1 天使面煮法请参阅第81页。
2 准备"罗勒番茄丁"，做法请参阅第108页。

做法 >>

1 以小火热锅，倒入食用油，放入鸡柳，每面各煎1分30秒至2分钟，起锅备用。
2 将事先煮好的天使面微波加热30秒，加入罗勒番茄丁，混拌均匀后盛盘。
3 放上鸡柳、罗勒叶，依照个人喜好淋上巴萨米克醋、橄榄油，再以盐、黑胡椒粉斟酌调味即可。

营养师小知识

淀粉类煮熟后放冷会产生抗性淀粉，如果你正在控制体重或者减糖，那偶尔可以安排在炎热的夏天吃点儿冷面，不仅在炎热天气中可以清爽入口，抗性淀粉不易被人体肠道所消化吸收，降低热量与糖类，会让我们更容易维持完美体态。

营养分析

热量	蛋白质	碳水化合物	脂肪	膳食纤维
497kcal	36g	67g	10g	4g

增肌或减脂替换

主要蛋白质来源	分量	热量	蛋白质	碳水化合物	脂肪
鸡柳	100g	109kcal	24g	0g	1g
主要碳水化合物来源	分量	热量	蛋白质	碳水化合物	脂肪
天使面	1份	318kcal	10g	60g	4g

注 天使面营养数据是以1包生面（500g）煮熟后加上橄榄油（15mL）拌匀，分装成6份计算。

CHEF'S NOTES 主厨笔记

天使面是最适合夏天在冰箱存放的意大利面，不管是搭配罗勒番茄丁做成意式冷面，还是拌入书中介绍的"韩式万用酱"做成"苹果鸡柳冷拌天使面"都好吃。甚至搭配卤牛腱，淋上卤汁、撒上辛香料提味，就是一道家常风味的冷拌面，道道都是非常开胃又方便运动携带的冷食料理。

延伸料理

天使面延伸料理→苹果鸡柳冷拌天使面（请参阅第130页）。

炉烤牛排佛卡夏

材料 >>>

食用油1茶匙，板腱牛排（厚度约3cm）200g，佛卡夏或自选面包1份，生菜叶50g，罗勒番茄丁1份，罗勒叶或九层塔叶或芝麻菜酌量，巴萨米克醋酌量，初榨橄榄油酌量，盐酌量，黑胡椒粉酌量

准备工作 >>>

1　解冻牛排的做法请参阅第76页。
2　准备"罗勒番茄丁"，做法请参阅第108页。

做法 >>>

1　先将烤箱预热至180℃。
2　以中火热锅，倒入食用油，用厨房纸巾将牛排表面水分擦干后放入锅中，每面各煎1分钟后将牛排放入烤箱，设定时间开始烘烤（五分熟：10分钟；七分熟：12分钟）。由于烤箱加热效能差异很大，先以此时间试烤确认熟度后，再行斟酌调整之后的烘烤时间。
3　牛排烤好之后，静置5分钟，切片备用。
4　将面包剖半后放入烤箱烘烤至表面酥脆，时间为5~8分钟。
5　依序放上生菜叶、牛排切片、罗勒番茄丁，依照个人喜好斟酌调味即完成。

营养师小知识

红肉含有丰富铁质，是造血功能的重要物质，女性或有在路跑的朋友平常要特别注意补铁，否则会造成头晕不舒服、心跳加快等问题，进而影响运动状态。另外，生菜富含钾、镁，是肌肉收缩与维持正常心律重要的电解质。

营养分析

热量	蛋白质	碳水化合物	脂肪	膳食纤维
683kcal	41g	30g	46g	3g

增肌或减脂替换

主要蛋白质来源	分量	热量	蛋白质	碳水化合物	脂肪
板腱牛排	100g	166kcal	20g	0g	9g
主要碳水化合物来源	分量	热量	蛋白质	碳水化合物	脂肪
佛卡夏	100g	249kcal	9g	36g	8g

CHEF'S NOTES 主厨笔记

佛卡夏（Focaccia）是最具代表性的意式面包，在制作过程中会加入不等分量的橄榄油，相较于传统配方只有面粉、酵母、盐、水的法棍（Baguette）来说，佛卡夏的热量高一些。火炉会烤出板腱牛排的油脂，让肉质软嫩又富弹性。这道菜很适合肉食者大快朵颐。如果想要清淡调味，也可以只用醋和橄榄油。

米兰风味
脆皮猪排

材料 >>

猪里脊100g，盐1/8茶匙，黑胡椒粉1/8茶匙，帕玛森奶酪粉1茶匙，面粉酌量，蛋液酌量，面包粉酌量，食用油1茶匙，罗勒番茄丁1份，罗勒叶或九层塔叶或芝麻菜酌量，初榨橄榄油酌量，巴萨米克醋酌量

准备工作 >>

准备"罗勒番茄丁"，做法请参阅第108页。

做法 >>

1 用肉锤将猪里脊拍薄至1cm左右，在猪排两面依序撒上盐、黑胡椒粉、帕玛森奶酪粉，接着裹上面粉、蛋液、面包粉，用量以能均匀附着表面为原则。

2 以小火热锅，倒入食用油，放入猪排，每面各煎2分钟即可起锅盛盘。

3 放上罗勒番茄丁、罗勒叶，依照个人喜好斟酌调味即完成。

地中海式 Mediterranean 06

营养师小知识

猪里脊、鸡蛋提供适量的蛋白质，再搭配一点儿面粉、面包粉，20g以上的蛋白质加上10g以下的碳水化合物，而且热量仅300千卡左右，减脂族在运动后可以安心地享用。

营养分析

热量	蛋白质	碳水化合物	脂肪	膳食纤维
324kcal	23g	9g	21g	0g

增肌或减脂替换

主要蛋白质来源	分量	热量	蛋白质	碳水化合物	脂肪
猪里脊	100g	212kcal	19g	0g	14g

CHEF'S NOTES 主厨笔记

这道菜选用里脊部位，油脂主要集中在外围，而肉质本身很瘦，因此，若烹煮时间拿捏不当，口感易干柴。所以烹调前先将肉拍薄，破坏肌肉纤维，以改善口感，缩短烹调时间。

此外，以煎的方式更能精准掌控烹调油量，避免过量摄取。

鲜虾贝壳面

材料 >>>

炒贝壳面配料（359.86kcal）

食用油1/2茶匙，尼斯风味料1份，辣椒（切碎）或干燥辣椒片酌量，虾仁200g，小番茄（剖半）或牛番茄（切丁）50g，黄栉瓜（切片）50g，绿栉瓜（切片）50g，罐装番茄碎50g，贝壳面1份，帕玛森奶酪粉2茶匙

准备工作 >>>

1 贝壳面煮法请参阅第81页。
2 制作"尼斯风味料"，做法请参阅第114页。
3 准备好炒贝壳面用的蔬菜配料。

做法 >>>

1 以小火热锅，倒入油，放入"尼斯风味料"、辣椒碎，均匀拌炒至洋葱软化。
2 放入虾仁、所有蔬菜配料、罐装番茄碎、贝壳面，拌炒至虾仁完全变色后即可起锅。
3 撒上帕玛森奶酪粉即完成。

营养师小知识

虾仁拥有优质的蛋白质，也是除了贝类之外，含锌量较高的食物。当我们肌肉合成时，锌离子是不可或缺的矿物质，所以适当地补充鱼贝类、虾等，可以帮助肌肉的生长发育。

营养分析

热量	蛋白质	碳水化合物	脂肪	膳食纤维
535kcal	37g	72g	11g	2g

增肌或减脂替换

主要蛋白质来源	分量	热量	蛋白质	碳水化合物	脂肪
虾仁	100g	44kcal	10g	1g	0g
主要碳水化合物来源	分量	热量	蛋白质	碳水化合物	脂肪
贝壳面	1份	318kcal	10g	60g	4g

注 贝壳面营养数据是以1包生面（500g）煮熟后加上橄榄油（1汤匙）拌匀，分装成6份计算。

CHEF'S NOTES 主厨笔记

鲜、香、酸、辣，各种味道混杂在一起，这也是我个人最喜欢的意大利面的做法，所以特意在此与大家分享。蕴藏海洋风味的草虾仁搭配贝壳面与帕玛森奶酪粉、黄／绿栉瓜，口感细腻，味道丰富，富有层次感。

那布勒斯烘蛋

材料 >>

食用油1茶匙，鳀鱼5g，洋葱（切丁）20g，栉瓜（切丁）或甜椒（切丁）50g，小番茄（剖半）或牛番茄（切丁）50g，奥勒冈叶（干燥）1/8茶匙，黑胡椒粉1/8茶匙，鸡蛋（打散）2个，盐1/8茶匙，新鲜马苏里拉奶酪或奶酪丝20g，帕玛森奶酪粉酌量，罗勒叶或九层塔或芝麻菜酌量

做法 >>

1 以小火热锅，倒入食用油，放入鳀鱼、洋葱丁拌炒开来。

2 放入栉瓜丁、剖半小番茄、奥勒冈叶（可省略）、黑胡椒粉，均匀拌炒至小番茄软化。

3 加入蛋液（先加盐打散）、新鲜马苏里拉奶酪或奶酪丝，烘至个人喜好熟度即可起锅。

4 最后撒上帕玛森奶酪粉，加上罗勒叶即完成。

营养师小知识

这道料理能一次补充乳品类的蛋白质、钙质，非常适合运动后食用。奶酪含有丰富的钙质，能帮助骨骼的建构及预防抽筋。而栉瓜是瓜果类的蔬菜，容易增加饱腹感，是减糖、减脂的好食材，也可以换成甜椒。

营养分析				
热量	蛋白质	碳水化合物	脂肪	膳食纤维
297kcal	21g	9g	21g	1g

增肌或减脂替换					
主要蛋白质来源	分量	热量	蛋白质	碳水化合物	脂肪
鸡蛋（1个）	55g	74kcal	7g	1g	5g

CHEF'S NOTES 主厨笔记

"那布勒斯烘蛋"的风味特色在于带有鳀鱼的咸香滋味和奥勒冈叶的香草气息，其中奥勒冈叶就是俗称的"比萨草"，大部分的意大利综合香料配方里都有它的存在，家里如果有意大利综合香料，也可以用来替代"比萨草"。

尼斯风味煎鲑鱼沙拉

材料 >>>

香煎鲑鱼排(237kcal)

橄榄油酌量，鲑鱼排(厚度3cm)150g，盐1/8茶匙

尼斯风味料(49.36kcal)

洋葱(切丝)20g，大蒜(切碎)5g，油渍鳀鱼10g，黑橄榄或红心橄榄(切片)10g，酸豆15g，黑胡椒粗粒1/8茶匙

蔬菜配料

四季豆(切段)50g，黄甜椒(切条)50g，红甜椒(切条)50g

沙拉配盘(213.7kcal)

生菜100g，小番茄(剖半)或牛番茄(切丁)50g，马铃薯(切块)100g，水煮蛋(剖半)1个

准备工作 >>>

1 马铃薯煮法请参阅第83页。
2 水煮蛋煮法请参阅第75页。
3 制作"尼斯风味料"，拌匀备用。
4 准备所有蔬菜配料。
5 在沙拉盘中依序放入生菜、小番茄、马铃薯块、剖半水煮蛋，备用。

做法 >>>

1 用厨房纸巾将鲑鱼表面水分擦干。
2 以小火热锅，倒入食用油，放入鲑鱼，撒盐调味，两面各煎3分钟即可起锅。
3 煎鲑鱼时，可同时放入尼斯风味料和蔬菜配料一起拌炒，炒熟后即可盛盘（ 可依个人喜好酌量加入巴萨米克醋及黑胡椒粗粒)。

营养师小知识

鲑鱼含有丰富的Omega-3脂肪酸、DHA及EPA，能够增强抵抗力、抗发炎，同时也是优质的蛋白质来源，一般人每周建议至少吃两次鱼，而运动一族则更应该多补充，会让我们更快恢复体力调整好状态，迎接下一次训练哦！

营养分析

热量	蛋白质	碳水化合物	脂肪	膳食纤维
500kcal	53g	36g	17g	8g

增肌或减脂替换

主要蛋白质来源	分量	热量	蛋白质	碳水化合物	脂肪
板腱牛肉片	100g	158kcal	24g	0g	6g
鸡蛋（1个）	55g	74kcal	7g	1g	5g
主要碳水化合物来源	分量	热量	蛋白质	碳水化合物	脂肪
马铃薯	100g	74kcal	3g	16g	0g

CHEF'S NOTES 主厨笔记

1.尼斯风味的沙拉食材配料丰富，鳀鱼、酸豆、橄榄提升了整道菜的风味和层次，是一道美味与营养兼具的地中海料理。

2.煎鲑鱼的大原则：厚度几厘米，每面就各煎几分钟。

意式猎人炖鸡（5~6人份）

材料 >>

食用油酌量，去骨鸡腿排（带皮）5~6片（约1000g），尼斯风味料2份，盐1茶匙，黑胡椒粉1/4茶匙，白酒100mL，蘑菇200g，洋葱（切丁）300g，牛番茄（切块）300g，罐头番茄丁400g

准备工作 >>

1　制作"尼斯风味料"，做法请参阅第114页。
2　准备所有蔬菜配料。
3　将切块的牛番茄放入炖锅或烤皿中，备用。

做法 >>

1　以中小火热平底锅，倒入食用油，将去骨鸡腿排皮面朝下放入锅中，上面压上碗盘，利用重力让鸡皮贴紧锅面，逼出皮下脂肪，煎到焦糖色后起锅，放入炖锅或烤皿，倒掉多余油脂。
2　在平底锅中加入"尼斯风味料"，拌炒至洋葱软化，加入所有配料，混拌均匀后倒入已放番茄的炖锅或烤皿。
3　盖上锅盖，炖煮15分钟即可（若是烘烤，将烤箱预热至200℃，放入烤皿，烘烤25分钟）。

营养分析

热量	蛋白质	碳水化合物	脂肪	膳食纤维
2056kcal	208g	73g	95g	12g

增肌或减脂替换

主要蛋白质来源	分量	热量	蛋白质	碳水化合物	脂肪
去骨鸡腿排（带皮）	100g	157kcal	19g	0g	9g

营养师小知识

鸡腿部位的油脂含量较高，在烹调时利用鸡（鸡皮）本身的油脂，能减少添加额外烹调油的用量，并搭配上蘑菇、洋葱、番茄，让整道料理同时包含了丰富的膳食纤维。如果你正在控制热量，食用时可将鸡皮去除掉，会让热量更低一点儿。

CHEF'S NOTES 主厨笔记

炖鸡咬下马上溢出香浓鸡汁，搭配白酒与爆香料，为猎人一名做出完美诠释。厚实鸡排拥有丰富蛋白质，一旁衬托主食的洋菇、洋葱、番茄也提供了丰富的维生素，也可只用黑胡椒粉代替盐来调味。

食材保存

放凉后依食用需求分装，将3天内可吃完的份数放冷藏保存，其余的可冷冻保存，1个月内食用完毕。

日式经典家常滋味

在日本料理中，味醂是最被广泛运用的调味料，它主要由米糖化发酵酿造而成，一般酒精含量不高，甘甜味明显，与酱油搭配时，它的甘甜味能缓和咸味，让味道更加醇厚有层次感。味醂本身的独特香气，也有助于除去肉腥味。此外，它还具有增添料理色泽的效果，让料理看起来更加美味。

购买味醂时，建议看一下成分，有无调味添加物、防腐剂，作为选购考量。开罐之后应冷藏保存，以免变质。

CHEF'S
RECOMMENDATION
主厨推荐

**一味多用：
味醂、鲣鱼酱油**

除了味醂之外，鲣鱼（柴鱼）风味也是日本料理具有的代表性风味，所以在我的酱料柜里，还会有一罐鲣鱼酱油，它使用时方便拿捏调味比例，1∶1∶1的味醂、鲣鱼酱油、酱油，可以说是我的"日式风味黄金配比"，用它就可以贯穿以下多道日式家常经典菜色。

马铃薯
溏心蛋沙拉

材料 >>>

水煮马铃薯、胡萝卜、鸡蛋

马铃薯200g，胡萝卜50g，鸡蛋（切丁）2个，
牛奶50g，盐1/8茶匙，黑胡椒粉酌量，洋葱
（切丁）10g，小黄瓜（切片）20g

准备工作 >>>

1　马铃薯煮法请参阅第83页。
2　水煮蛋煮法请参阅第75页。
3　准备所有蔬菜配料。

做法 >>>

1　马铃薯、牛奶、盐、黑胡椒粉，混拌成泥状
　　后盛盘。
2　放入水煮蛋和煮熟的胡萝卜（切丁）。
3　平均放入洋葱丁、小黄瓜片即完成。

营养分析				
热量	蛋白质	碳水化合物	脂肪	膳食纤维
350kcal	21g	42g	12g	4g

增肌或减脂替换				
主要蛋白质来源	分量	热量	蛋白质	碳水化合物	脂肪
鸡蛋（1个）	55g	74kcal	7g	1g	5g
主要碳水化合物来源	分量	热量	蛋白质	碳水化合物	脂肪
马铃薯	100g	74g	3g	16g	0g

营养师小知识

马铃薯放凉后会产生"抗性淀粉"，抗性淀粉
类似膳食纤维，不易被人体吸收，不仅可以
降低料理的GI值，还能促进肠道蠕动、预防
便秘及控制血糖。

CHEF'S NOTES 主厨笔记

1.利用牛奶取代沙拉酱，让这道马铃薯沙拉更加营养无负担，不管是直接单吃还是当成三明治馅料、料理配菜，都非常合适。

2.若使用冷冻常备的熟马铃薯，在解冻之后必须先将水分挤干，再加入牛奶、盐、黑胡椒粉，微波加热至温热，然后用汤匙压拌成泥状，如此口感才会绵密且不粗糙。

鸡肉亲子丼

材料 >>

食用油酌量，去骨鸡腿排（带皮）200g，洋葱（切丝）20g，青葱（切段）20g，香菇（切片）50g，高丽菜（切片）50g，酱油1茶匙，味醂1汤匙，鲣鱼酱油3汤匙，水100mL，鸡蛋1个，葱花酌量，七味粉酌量，海苔丝酌量

准备工作 >>

准备所有蔬菜配料。

做法 >>

1 以中小火热锅，倒入食用油，将去腿鸡腿排皮面朝下放入锅中，上面压一个碗盘，利用重力让鸡皮贴紧锅面，逼出皮下脂肪，煎到焦糖色后翻面，去掉多余油脂。

2 放入洋葱丝、青葱段、香菇片、高丽菜片，拌炒至洋葱软化。

3 加入酱油、味醂、鲣鱼酱油、水，将鸡肉煮熟。

4 鸡蛋略打散后倒入锅中，煮至七分熟即可起锅盛盘。

5 依照个人喜好撒上葱花、七味粉、海苔丝（也可省略）。

营养分析

热量	蛋白质	碳水化合物	脂肪	膳食纤维
462kcal	47g	19g	22g	3g

增肌或减脂替换

主要蛋白质来源	分量	热量	蛋白质	碳水化合物	脂肪
去骨鸡腿排（带皮）	100g	157kcal	19g	0g	9g
鸡蛋（1个）	55g	74kcal	7g	1g	5g

CHEF'S NOTES 主厨笔记

先将鸡腿排鸡皮朝下放入锅中，煎至焦黄酥脆，再利用鸡皮逼出来的部分油脂拌炒蔬菜配料，不仅无须外加油品烹调，降低了热量摄取，而且鸡皮因为梅纳反应后风味溶入酱汁之中，进而提升了料理风味。

马铃薯炖肉

材料 >>>

食用油酌量，梅花猪肉（切块）400g，洋葱（切丝）200g，味醂3汤匙，鲣鱼酱油3汤匙，酱油3汤匙，马铃薯（切块）400g，胡萝卜（切块）200g，蒟蒻丝100g，水400mL

准备工作 >>>

1 蒟蒻丝汆烫，备用。
2 准备所有蔬菜配料。
3 将梅花猪肉大块油脂修清，切成适口大小。

做法 >>>

1 以中小火热锅，倒入食用油，放入梅花肉块炒出油脂，倒掉多余油脂。
2 放入洋葱丝拌炒至柔软。
3 加入其他配料及调味料，炖煮至猪肉软嫩即完成。

营养分析

热量	蛋白质	碳水化合物	脂肪	膳食纤维
1424kcal	91g	135g	57g	13g

增肌或减脂替换

主要蛋白质来源	分量	热量	蛋白质	碳水化合物	脂肪
梅花猪肉	100g	395kcal	7g	0g	25g
主要碳水化合物来源	分量	热量	蛋白质	碳水化合物	脂肪
马铃薯	100g	74g	3g	16g	0g

营养师小知识

梅花猪肉油脂含量稍微高一点儿，但是料理使用了蒟蒻丝，瞬间平衡了整道菜的热量。如果想要尝试更低热量的料理，也可以改成使用里脊肉，并且提高蒟蒻丝的比例。

CHEF'S NOTES 主厨笔记

马铃薯炖肉是日式经典家常料理中的经典，选用梅花猪肉，将大块油脂用锅煎方式逼出自身脂肪，让肉品含脂率降至最低，美味却不减少。

食材保存
放凉后依食用需求分装，将3天内可吃完的份数冷藏保存。其余的可冷冻保存，请1个月内食用完毕。

香煎鸡腿排

材料 >>

食用油酌量，干香菇或香菇10g，水200mL，去骨鸡腿排（带皮）400g，胡萝卜（切块）100g，牛蒡（切块）100g，蒟蒻100g，麻油1茶匙，味醂1汤匙，鲣鱼酱油1汤匙，酱油1汤匙，水酌量，豌豆荚或四季豆30g

准备工作 >>

1 干香菇泡发备用。
2 准备所有蔬菜配料。

做法 >>

1 以中小火热锅，倒入食用油，将鸡腿排皮面朝下放入锅中，上面压一个碗盘，利用重力让鸡皮贴紧锅面，逼出皮下脂肪，煎到焦糖色后翻面，去掉多余油脂。
2 放入香菇（包含泡香菇的水）、胡萝卜块、牛蒡块、蒟蒻以及所有调味料，盖锅盖小火焖煮至胡萝卜熟透后试吃咸度，酌量加水调整。
3 放入豌豆荚，盖锅盖焖煮1分钟即可起锅。

营养师小知识

胡萝卜、牛蒡这些食物虽然被归类为蔬菜，但是本身淀粉含量较高。如果你正在尝试减糖饮食，别忘了还是要稍微调整分量，让减糖计划进行得更顺利。

营养分析

热量	蛋白质	碳水化合物	脂肪	膳食纤维
913kcal	78g	45g	48g	12g

增肌或减脂替换

主要蛋白质来源	分量	热量	蛋白质	碳水化合物	脂肪
去骨鸡腿排（带皮）	100g	157kcal	19g	0g	9g
主要碳水化合物来源	分量	热量	蛋白质	碳水化合物	脂肪
牛蒡	100g	75g	3g	19g	0g

CHEF'S NOTES 主厨笔记

如同马铃薯炖肉的调味配比，但因为加了麻油、香菇和牛蒡一起炖煮，风味层次大不相同，这也是一道可以大量制作的常备料理。

食材保存

放凉后依食用需求分装，将3天内可吃完的份数冷藏保存。其余的可冷冻保存，请1个月内食用完毕。

姜烧猪肉板豆腐

材料 >>

食用油酌量，板豆腐(切片)100g，梅花猪肉片100g，老姜(去皮切丝)10g，麻油1茶匙，味酥2茶匙，鲣鱼酱油2茶匙，酱油2茶匙

准备工作 >>

板豆腐切片，老姜去皮切丝备用。

做法 >>

1 以中火热锅，倒入食用油，放入板豆腐，表面煎出焦糖色后盛盘备用。

2 原锅倒入食用油，放入梅花猪肉片、姜丝，将猪肉表面煎出焦糖色后，去掉多余油脂。

3 加入麻油及调味料，拌炒均匀后即可起锅盛盘。

营养分析				
热量	蛋白质	碳水化合物	脂肪	膳食纤维
459kcal	25g	13g	33g	1g

增肌或减脂替换					
主要蛋白质来源	分量	热量	蛋白质	碳水化合物	脂肪
梅花猪肉片	100g	295kcal	17g	0g	25g
主要碳水化合物来源	分量	热量	蛋白质	碳水化合物	脂肪
板豆腐	100g	87g	9g	6g	3g

营养师小知识

梅花肉属于"花"字辈，脂肪较里脊肉、腿肉更高，但与三层肉、五花肉相比又相对低了不少。所以减糖饮食或者偶尔放纵的减脂饮食都适合使用，毕竟有一定的脂肪量，会拉长消化时间，也比较会有饱足感。只要调整好使用的频率，也会是一道美味又实用的食材！

CHEF'S NOTES 主厨笔记

这是一道只要有肉片和姜丝就可完成的快速料理，咸咸甜甜的和风家常味，搭配表面干煎过的板豆腐非常对味，动物性蛋白和植物性蛋白质一次补足。

延伸料理
板豆腐延伸料理→牛肉寿喜烧(第123页)、松露蕈菇蔬菜豆乳汤(第102页)。

牛肉寿喜烧

材料 >>

食用油酌量，板豆腐100g，板腱牛肉片100g，洋葱(切丝)30g，蒜苗或青葱(切段)30g，味醂1汤匙，鲣鱼酱油1汤匙，酱油1汤匙，清酒或米酒1汤匙，娃娃菜(切片)50g，鸿喜菇(切除底部)30g，香菇(切片)30g，胡萝卜(切片)30g，蒟蒻丝100g，鸡蛋1个

准备工作 >>

1 蒟蒻丝汆烫，板豆腐切片，备用。
2 准备所有蔬菜配料。

做法 >>

1 以中火热锅，倒入食用油，放入板豆腐，将表面煎出焦糖色后盛起，备用。
2 原锅倒入食用油，放入肉片将表面煎出焦糖色后盛起，备用。
3 放入洋葱丝、蒜苗段拌炒出香气，加入所有调味料、蔬菜配料和蒟蒻丝，将食材煮熟即可食用。
4 可将鸡蛋打散后当成蘸酱，或是放入锅中煮至喜好熟度后再食用。

营养师小知识

板豆腐在制备过程中添加含钙的凝固剂，因此能额外帮我们补充最缺乏的钙质，虽然植物性、添加的钙吸收率较低，但每天要摄取1000毫克的钙并不是一件容易的事，豆制品可以说是除了乳品之外，数一数二的补钙食材。

营养分析				
热量	蛋白质	碳水化合物	脂肪	膳食纤维
467kcal	40g	369g	18g	5g

增肌或减脂替换					
主要蛋白质来源	分量	热量	蛋白质	碳水化合物	脂肪
板腱牛肉片	100g	166kcal	20kcal	0g	9g

CHEF'S NOTES 主厨笔记

寿喜烧是日式代表性的食物之一，仅用少量的酱汁烹煮食材，是它和一般菜品最大的差异，搭配蛋液当蘸酱也是一大特色，不过为了安心，鸡蛋还是下锅煮熟后再吃会更安全。

延伸料理
寿喜烧延伸料理→姜烧猪肉板豆腐(第122页)、松露蕈菇蔬菜豆乳汤(第102页)。

香煎鲑鱼沙拉

材料 >>>

香煎鲑鱼排（329kcal）

食用油酌量，味醂1汤匙，鲣鱼酱油1汤匙，酱油1汤匙，白醋2汤匙，水2汤匙，姜末酌量，辣椒（切片）酌量，洋葱（切丝）30g，小黄瓜（切片）30g，甜椒（切条）30g

沙拉配盘（17kcal）

生菜100g

准备工作 >>>

1 准备所有蔬菜配料。
2 将生菜洗净脱水后盛盘，备用。

做法 >>>

1 用厨房纸巾将鲑鱼表面水分擦干。
2 以小火热锅，倒入食用油，放入鲑鱼，两面各煎3分钟，倒掉多余油脂。
3 放入其他配料和调味料，拌炒至沸腾后即可起锅盛盘。

营养分析				
热量	蛋白质	碳水化合物	脂肪	膳食纤维
347kcal	39g	25g	10g	5g

增肌或减脂替换				
主要蛋白质来源	分量	热量	蛋白质	碳水化合物	脂肪
鲑鱼排	100g	158kcal	24g	0g	6g

营养师小知识

鲑鱼富含蛋白质与多元不饱和脂肪酸，具有帮助肌肉生长、抗发炎的功能，在运动后来一道鲑鱼料理，可以说是舒缓肌肉酸痛的良方。而且这道料理热量不高，补足蛋白质的同时还预留了许多热量让我们可以搭配更多美食。

CHEF'S NOTES 主厨笔记

1.将鲑鱼排表层煎到酥香，加入酸酸甜甜又带有辣味的酱料，烹煮入味，不管是起锅后趁热吃，或是放凉冷藏后再吃，都一样爽口又开胃。
2.煎鲑鱼的大原则：厚度为几厘米，每面就各煎几分钟。

食材保存

可一次烹煮3天内可食用完毕的份数，快速降温之后冷藏保存，不宜冷冻保存。

食欲大开韩式风味

大家所熟知的韩式料理，石锅拌饭、辣炒年糕、韩式烤肉、韩式炸鸡，都会有"韩式辣酱"的踪影，它是最广泛使用的韩式独有酱料。它如同味噌一样都是发酵制品，是由米、辣椒、麦芽、酱曲发酵而成。所以相较一般辣椒酱更具独特风味与层次感，辣味也较温和。在用途上其实可不用只局限在韩式料理，把它当成中式辣酱使用也非常适合，吃生鱼片时不妨尝试用它来替代山葵酱，别有一番风味。

麻油也是韩式料理中会使用的调味料，可直接使用中式的 100% 麻油替代，无须特地采购韩式麻油。购买时记得要看一下成分内容，以确保风味的浓郁度。

买了韩式辣酱后，我们可以加入白糖、酱油、米酒（或开水）、蒜泥，自制成"韩式万用酱"，这个配方除了可以当蘸酱之外，还能延伸出不同风味层次的料理。

CHEF'S
RECOMMENDATION
主厨推荐

**一味多用：
韩式辣酱、麻油**

SAUCE
让料理更多变的
自制调料

韩式万用酱

1 韩式万用酱 ＋ 姜末 ＋ 辣椒 ——→ 辣炒鸡腿排盖饭

2 韩式万用酱 ＋ 葱花 ＋ 乌醋 ——→ 韩式烧肉粉条

3 韩式万用酱 ＋ 苹果 ＋ 柠檬汁 ——→ 苹果鸡柳冷拌天使面

4 韩式万用酱 ＋ 泡菜 ——————→ 泡菜猪肉炒年糕

鲜虾马铃薯煎饼

材料 >>>

韩式万用酱（90kcal）
白糖1茶匙，酱油1汤匙，米酒或开水1汤匙，韩式辣酱1汤匙，大蒜（磨成泥或切细碎）5g

鲜虾马铃薯煎饼（293kcal）
虾仁100g，白胡椒粉1/8茶匙，盐1/8茶匙，鸡蛋1个，大蒜（磨成泥或切细碎）5g，白胡椒粉1/8茶匙，盐1/8茶匙，马铃薯150g，洋葱（切丝）10g，胡萝卜（切丝）10g，青葱（切段）20g，麻油或食用油1汤匙

准备工作 >>>

1 马铃薯蒸、煮法请参阅第83、84页。
2 虾仁、白胡椒粉、盐，一起抓腌备用。
3 准备所有蔬菜配料。
4 制作"韩式万用酱"：将所有内容物混合均匀后试吃味道，依照个人喜好斟酌调整。

做法 >>>

1 将鸡蛋打散后，加入蒜泥、白胡椒粉、盐，搅拌均匀。
2 放入马铃薯捣碎拌匀，接着加入其他蔬菜配料混合均匀。
3 以小火热锅，倒入麻油或食用油，倒入做法2的混合料平铺开来，接着放入虾仁，煎至虾仁周围开始泛红变色，翻面再煎1分钟即完成，请搭配"韩式万用酱"一起享用。

营养师小知识

马铃薯富含的维生素C、钾以及膳食纤维，都是运动一族特别需要的营养素，且可以根据烹调方式获得不同的GI值（放冷低GI、炖煮高GI）。面粉是加工制品，在制造过程中会稍微流失营养素，加上煮熟后是偏高GI的食物，建议在运动后再食用。

营养分析

热量	蛋白质	碳水化合物	脂肪	膳食纤维
383kcal	24g	47g	11g	3g

增肌或减脂替换

主要蛋白质来源	分量	热量	蛋白质	碳水化合物	脂肪
草虾仁	100g	44kcal	10g	1g	0g
鸡蛋（1个）	100g	74kcal	7g	1g	5g
主要碳水化合物来源	分量	热量	蛋白质	碳水化合物	脂肪
马铃薯	100g	74kcal	3g	16g	0g
低筋面粉	100g	395kcal	8g	78g	1g

CHEF'S NOTES 主厨笔记

1.这道菜是韩式海鲜煎饼的简化版料理，使用冷冻常备的马铃薯直接加入鸡蛋混拌均匀取代面糊，再加入其他馅料做成煎饼，方便快捷，营养价值也更加提升。

2.若使用冷冻常备的熟马铃薯，在解冻之后必须先将水分挤干，再加入其他蔬菜配料混合均匀，以免水分过多。

辣炒鸡腿排盖饭

材料>>>

食用油酌量，去骨鸡腿排（带皮）200g，姜（磨成泥或切细碎）5g，辣椒（斜切片）10g，大蒜（切片）10g，洋葱（切丝）20g，青葱或蒜苗（斜切段）20g，胡萝卜（切薄片）20g，娃娃菜或大白菜（切片）100g，韩式万用酱1份，水50mL，盐酌量，米饭1份

准备工作>>>

1 煮饭的方法请参阅第80页。
2 制作"韩式万用酱"，做法请参阅第126页。
3 准备所有蔬菜配料。

做法>>>

1 以中小火热锅，倒入食用油，将腿排皮面朝下放入锅中，在上面压一个碗盘，利用重力让鸡皮贴紧锅面，逼出皮下脂肪，鸡皮煎到焦糖色后起锅备用，倒掉多余油脂。
2 放入所有蔬菜配料、韩式万用酱、水，再将事先切成适口大小的鸡腿排放入锅中炒熟，试吃味道，酌量加盐，调整咸度后即可起锅。

营养分析				
热量	蛋白质	碳水化合物	脂肪	膳食纤维
597kcal	45g	60g	18g	5g

增肌或减脂替换				
主要蛋白质来源	分量	热量	蛋白质	碳水化合物	脂肪
去骨鸡腿排（带皮）	100g	157kcal	19g	0g	9g
主要碳水化合物来源	分量	热量	蛋白质	碳水化合物	脂肪
米饭	78g	277kcal	5g	60g	1g

注 米饭营养数据是以1个量杯的生米（155g）煮熟后，分装成2份计算。

营养师小知识

鸡腿排是除了鸡胸肉之外最适合运动一族的肉品之一，可以提供低热量、高比例的蛋白质，搭配富含碳水化合物的米饭，有助于加速恢复体力，如果你想要增加肌肉，只要多加一碗饭就有足够的热量与营养了。

韩式烧肉粉条

材料 >>

韩式腌猪肉

韩式万用酱1汤匙，梅花猪肉片或板腱牛肉片100g

其他配料

麻油1汤匙，青葱(切末)10g，洋葱(切丝)30g，鸿喜菇(切除底部)或秀珍菇30g，青椒(切粗条)30g，甜椒(切粗条)30g，韩式万用酱2汤匙，水50mL，韩式粉条或中式冬粉50g，盐酌量，白芝麻(炒过)酌量，乌醋酌量

准备工作 >>

1 制作"韩式万用酱"，做法请参阅第126页。

2 将肉片加入"韩式万用酱"，抓腌备用。

3 韩式粉条泡滚水10分钟(中式冬粉则泡滚水5分钟)。

4 准备所有蔬菜配料。

做法 >>

1 以中小火热锅，倒入麻油，放入所有蔬菜配料、肉片和韩式万用酱(30mL)，均匀拌炒至肉片表面熟化。

2 放入韩式粉条、水，均匀拌煮至沸腾，试吃调整味道，撒上白芝麻即可。可依个人喜好加入适量麻油、乌醋再享用。

营养师小知识

韩式粉条一般使用马铃薯淀粉和地瓜淀粉制作，而中式冬粉则使用绿豆粉。两者所含的主要营养素与热量差异并不大，但若与一般面条相比，热量、蛋白质都相对较低，建议多搭配一点儿肉类，让蛋白质分量更充足。

增肌或减脂替换

主要蛋白质来源	分量	热量	蛋白质	碳水化合物	脂肪
板腱牛肉片	100g	166kcal	20g	0g	9g
主要碳水化合物来源	分量	热量	蛋白质	碳水化合物	脂肪
韩式粉条	100g	86.3kcal	0g	21.5g	0g

营养分析

热量	蛋白质	碳水化合物	脂肪	膳食纤维
338kcal	23g	27g	15g	3g

CHEF'S NOTES 主厨笔记

韩式粉条的外观尺寸比中式冬粉粗了许多，但用相同重量的水泡软煮之后，反而是中式冬粉多了一半左右的分量，调味分量也因而有所差异，在起锅之前记得要试吃一下，斟酌调整(除了乌醋，也可用白醋)。

苹果鸡柳
冷拌天使面

材料 >>

天使面1份，韩式万用酱1份（约50mL），食用油1茶匙，麻油1汤匙，洋葱（切丝）20g，小黄瓜（切丝）20g，胡萝卜（切丝）20g，苹果或水梨（切细条状）30g，鸡柳100g，盐1/8茶匙，水50mL，海苔（撕碎）酌量，白芝麻（熟）酌量，韩式泡菜50g，水煮蛋（剖半）1个，柠檬汁或白醋酌量

准备工作 >>

1 天使面煮法请参阅第81页。
2 水煮蛋煮法请参阅第75页。
3 制作"韩式万用酱"，做法请参阅第126页。
4 准备所有蔬菜配料。

做法 >>

1 以小火热锅，倒入食用油，放入鸡柳，每面各煎1.5分钟，起锅备用。
2 天使面微波加热30秒，加入韩式万用酱、水、麻油、洋葱丝、小黄瓜丝、胡萝卜丝、苹果，混拌均匀后盛盘。
3 放上煎过的鸡柳，撒上海苔、白芝麻，放入韩式泡菜、水煮蛋即完成。可依个人喜好斟酌加入柠檬汁或白醋。

营养分析

热量	蛋白质	碳水化合物	脂肪	膳食纤维
712kcal	46g	91g	18g	6g

增肌或减脂替换

主要蛋白质来源	分量	热量	蛋白质	碳水化合物	脂肪
鸡柳	100g	109kcal	24g	0g	1g
主要碳水化合物来源	分量	热量	蛋白质	碳水化合物	脂肪
天使面	1份	318kcal	10g	60g	4g

注 天使面营养数据是以1包生面（500g）煮熟后加上橄榄油（15mL）拌匀，分装成6份计算。

CHEF'S NOTES 主厨笔记

苹果、水梨似乎很少直接出现在料理中，但其实它们是韩式烤肉酱的重要角色，默默地为醇厚酱汁带来一丝清新感。亦可以将它们磨成泥，加入韩式万用酱中，再用来拌面条，用味蕾感受那内敛的风味。或如同食谱中的做法，切成细条状与其他配料一起混拌食用，品尝最直接、丰富的口感层次变化。

泡菜猪肉炒年糕

材料 >>

食用油酌量，梅花猪肉片或板腱牛肉片100g，大蒜（切片）10g，洋葱（切丝）20g，青葱（切段）20g，胡萝卜（切薄片）20g，高丽菜（切片）100g，韩式万用酱1份（约50mL），水50mL，韩式年糕条150g，韩式泡菜100g，白芝麻（熟）酌量

准备工作 >>

1 制作"韩式万用酱"，做法请参阅第126页。
2 准备所有蔬菜配料。

做法 >>

1 以中小火热锅，倒入食用油，放入肉片将表面煎出焦糖色，起锅备用，倒掉多余油脂。
2 放入所有蔬菜配料、韩式万用酱、水、韩式年糕条，盖锅盖焖煮至年糕软透，约5分钟。
3 加入韩式泡菜拌炒均匀，调整咸度后起锅，撒上白芝麻即完成。

营养分析

热量	蛋白质	碳水化合物	脂肪	膳食纤维
797kcal	29g	107g	27g	6g

增肌或减脂替换

主要蛋白质来源	分量	热量	蛋白质	碳水化合物	脂肪
梅花猪肉片	100g	295kcal	17g	0g	25g
主要碳化合物来源	分量	热量	蛋白质	碳水化合物	脂肪
韩式年糕	100g	216kcal	4g	50g	1g

营养师小知识

年糕是以糯米为原料，经过磨碎再重新制成，相对来说是比较高GI的淀粉类，所以适合放在运动后的那一餐。如果消化功能较差，可能要稍微控制年糕的分量，一次摄取过多糯米，容易造成肠胃不适。

CHEF'S NOTES 主厨笔记

泡菜炒年糕最简单的做法是直接用泡菜汁当调味基底，再用盐或酱油去调味。但我相信当你尝试过用韩式万用酱的炒法之后，就会知道它的好，大部分的人只要尝过，应该都会喜欢。

酱烧牛排铁锅拌饭

材料 >>>

食用油1茶匙，鸡蛋1个，甜椒(切条)50g，栉瓜(切片)50g，芦笋(切段)50g，盐酌量，板腱牛排(厚度约3cm)200g，韩式万用酱1份(约50mL)，麻油1茶匙，米饭1份，泡菜30g，白芝麻(熟)酌量

准备工作 >>>

1 解冻牛排的方法请参阅第76页。
2 腌渍牛排：将牛排均匀抹上韩式万用酱15mL（做法请参阅第126页），腌渍1小时以上。
3 煮饭的方法请参阅第80页。

做法 >>>

1 烤箱预热至200℃，放入腌渍好的牛排，设定时间开始烘烤(五分熟：12分钟；七分熟：14分钟)。由于烤箱存在差异，先以此时间试烤确认熟度后，再斟酌调整烘烤时间。
2 烤牛排的同时，以小火热锅，倒入食用油，放入鸡蛋、甜椒条、栉瓜片、芦笋段，煎到个人喜欢的口感后略加盐调味，关火备用。
3 牛排烤好之后，静置5分钟，切片备用。
4 铸铁锅加热至接近发烟状态后关火，从锅边淋上麻油，盛入米饭。
5 放入所有配料，淋上 "韩式万用酱"，加入泡菜，撒上白芝麻即完成。

营养师小知识

减糖料理主要以蛋白质、脂肪来补足肉量与饱腹感，酱烧牛排铁锅拌饭搭配足量的板腱牛排，能摄取到满满蛋白质，轻松达成低糖比例。另外，泡菜是腌渍类，会有较高的钠，但对运动一族来说，运动完适度补充反而更容易让我们恢复水分的平衡。

营养分析				
热量	蛋白质	碳水化合物	脂肪	膳食纤维
903kcal	49g	60g	52g	4g

增肌或减脂替换				
主要蛋白质来源	分量	热量	蛋白质	碳水化合物	脂肪
板腱牛排	100g	166kcal	20g	0g	9g
主要碳水化合物来源	分量	热量	蛋白质	碳水化合物	脂肪
米饭	78g	277kcal	5g	60g	1g

注 米饭营养数据是以1个米量杯的生米(155g)煮熟后，分装成2份计算。

CHEF'S NOTES 主厨笔记

这是一道以石锅拌饭为基础的料理，以 "韩式万用酱" 腌渍的牛排是主角，其余配料可依个人喜好或冰箱剩余食材随意搭配。如果你对锅巴香气有那么一点儿执着，可以将铸铁锅烧个火热，然后淋上麻油、盛入米饭，试几次拿捏火候，相信你会做出满意的铁锅拌饭。

鱼露飘香东南亚风味

鱼露是在东南亚料理之中被广泛使用的调味料，它主要是由鳀鱼、盐、糖、水发酵而成的汁液，虽然闻起来有种特殊的腥味，但却能像味精一样在料理时增添食材的鲜味。它也是辨识度颇高的调味料之一，当邻居有人在用鱼露烹煮料理时，就会飘散阵阵香气。

一味多用：鱼露

在选购鱼露时，除了看成分中有没有香料、防腐剂等人工添加物之外，氮含量也是选购时的重要指标。我们也可以参考营养标示里的蛋白质含量来挑选，原则上蛋白质含量越高的鱼露，风味也会越加浓郁。

当然，味觉是主观的，有时与这些指标无关，我的习惯是在更换调味品时，与旧品牌进行比较，然后当成之后的选购标准。最后提醒大家，鱼露除了风味不同外，咸度上也会有差异，所以更换品牌时，记得更换用量。

SAUCE
让料理更多变的
自制调料

泰式柠檬酱

泰式柠檬酱是泰式柠檬鱼的灵魂所在，以鱼露、柠檬汁当基底，加上大蒜、香菜、辣椒、糖调制而成，口味酸甜辛香，层次分明。也可以当成泰式凉拌菜色或是青木瓜沙拉的佐酱，若在酱汁中加入花椒粉，则可当成"泰式椒麻鸡"的淋酱。

风味串烧牛排

材料 >>>

风味串烧牛排（507kcal）

板腱牛排（厚度约2cm，切块）200g，白胡椒粉1/8茶匙，白糖1/2茶匙，鱼露4茶匙，柠檬叶（搓揉后撕碎）5g，香茅（剖半后切段）15g，大蒜（拍碎）20g，辣椒（斜切片）酌量

醋渍萝卜（40kcal）

胡萝卜（削片）20g，白萝卜（削片）80g，盐1/4茶匙，白糖1茶匙，白醋2茶匙

盛盘配料（16kcal）

九层塔叶（切丝）10g，辣椒（切碎）酌量，紫洋葱（切丝）20g，小黄瓜（切片）50g

准备工作 >>>

1. 腌渍牛排：将板腱牛排切成适口大小之后，加入白胡椒粉、白糖、鱼露抓拌均匀，接着放入柠檬叶、香茅段、大蒜碎、辣椒片，混合均匀后腌渍30分钟以上。
2. 醋渍萝卜：将胡萝卜及白萝卜削成片状，加盐抓拌均匀后挤压脱水，加入白糖和白醋混合均匀，腌渍30分钟以上。
3. 准备盛盘配料。
4. 若使用竹签烤肉串，竹签需先泡水10分钟以上，以免烘烤时烧焦。

做法 >>>

1. 烤箱预热至200℃。
2. 先穿起腌好的牛排，将腌料（柠檬叶、香茅）铺在烤盘底部，再放上肉串。
3. 放入烤箱上层，烘烤10分钟（时间可依照个人喜好熟度调整）。
4. 在烤好的肉串上面撒上九层塔叶切丝和辣椒碎，搭配醋渍萝卜、紫洋葱丝、小黄瓜片即完成。

营养师小知识

营养师非常推荐使用香料，减少了精制糖和油的用量，但一样能烹调出完美料理。如果你正处在减糖或者减重的阶段，不妨常使用这种天然、方便又美味的烹调方式。

营养分析

热量	蛋白质	碳水化合物	脂肪	膳食纤维
563kcal	38g	25g	36g	4g

增肌或减脂替换

主要蛋白质来源	分量	热量	蛋白质	碳水化合物	脂肪
板腱牛排	100g	166kcal	20g	0g	9g

CHEF'S NOTES 主厨笔记

泰式料理中多使用罗勒叶，但这道菜谱中使用九层塔叶（泰国罗勒叶）来代替，它们虽然同为罗勒属，但是味道截然不同，有机会去泰国玩时记得试试道地的罗勒叶料理。喜欢辣一点儿的朋友，也可稍微增加红辣椒的用量。

延伸料理

醋渍萝卜延伸料理→越南三明治（第145页）。

菲律宾柠檬烤鸡腿

材料 >>>

菲律宾柠檬烤鸡腿（367.3kcal）

去骨鸡腿排（带皮）200g，白胡椒粉1/8茶匙，
鱼露1茶匙，黑糖1茶匙，巴萨米克醋1茶匙，
柠檬叶（搓揉后撕碎）5g，老姜（切薄片）10g，
香茅（剖半后切段）15g，大蒜（拍碎）20g，辣
椒（斜切片）酌量

盛盘配料

柠檬汁酌量

准备工作 >>>

1 去骨鸡腿排、白胡椒粉、黑糖、鱼露与巴萨
  米克醋一同抓拌均匀。

2 放入柠檬叶、老姜片、香茅段、大蒜碎、辣
  椒片，混合均匀后腌渍30分钟以上。

做法 >>>

1 烤箱预热至200℃。

2 先将腌鸡腿的腌料（柠檬叶、老姜）铺在烤盘
  底部，再放上鸡腿排。

3 放入烤箱中层，烘烤15分钟即完成。可依个
  人喜好加入适量柠檬汁。

营养师小知识

一只鸡腿含30g左右的蛋白质，非常适合在运
动后补充。如果你想要增肌，搭配1碗饭，就
可以达到最佳效果。如果想要减脂，不妨搭配
一些青菜，更多的膳食纤维可以提升饱足感，
也能有效地控制热量。

营养分析				
热量	蛋白质	碳水化合物	脂肪	膳食纤维
367kcal	39g	12g	18g	1g

增肌或减脂替换					
主要蛋白质来源	分量	热量	蛋白质	碳水化合物	脂肪
去骨鸡腿排（带皮）	100g	157kcal	19g	0g	9g

CHEF'S NOTES 主厨笔记

"风味串烧牛排"用到的香茅
和柠檬叶，也可用来做这道
菜。多加入了黑糖和地中海料
理必备的巴萨米克醋，融合泰
国纯鱼露，变化出不同风味的

烤鸡料理。香烤鸡腿淋上柠檬
汁，把鸡肉的香气完美带出，
仿佛置身热情的东南亚。

食材保存

放凉后依食用需求分装，将3
天内会吃完的份数冷藏保存。
其余的可冷冻保存，请于1个
月内食用完毕。

菲律宾凤梨猪排沙拉

材料 >>

凤梨猪排（297kcal）

猪里脊100g，白胡椒粉1/8茶匙，酱油1/2茶匙，鱼露1茶匙，黑糖1茶匙，巴萨米克醋1茶匙，食用油1茶匙，大蒜（拍碎）5g，红葱头（拍碎）10g，凤梨（切碎）10g，辣椒（斜切片）酌量

盛盘配料（68kcal）

生菜100g，凤梨（切丁）50g，小番茄（剖半）50g，洋葱（切丝）30g，巴萨米克醋酌量，黑胡椒粉酌量

准备工作 >>

1. 用肉锤将猪里脊拍薄至1cm左右，加入白胡椒粉、酱油、鱼露、黑糖、巴萨米克醋抓拌均匀。
2. 放入大蒜碎、红葱头碎、凤梨碎、辣椒片，混合均匀后腌渍30~60分钟（如果没加凤梨，可延长腌渍时间）。
3. 准备盛盘配料：在盘中依序放入生菜、凤梨丁、剖半小番茄、洋葱丝。

做法 >>

1. 以小火热锅，倒入食用油，直接放入腌好的猪排和腌酱料，每面各煎1.5分钟后即可起锅盛盘。
2. 依照个人喜好，加上适量巴萨米克醋和黑胡椒粉一起享用。

营养师小知识

凤梨含有凤梨酵素，是天然的消化酶，可以帮助我们更快消化吸收蛋白质，使营养更容易被利用，与猪排一同入菜，符合运动后需要快速补充、快速吸收的需求！如果总是觉得消化不佳，那你就更应该试试这道料理。

营养分析

热量	蛋白质	碳水化合物	脂肪	膳食纤维
365kcal	23g	26g	20g	41g

增肌或减脂替换

主要蛋白质来源	分量	热量	蛋白质	碳水化合物	脂肪
猪里脊	100g	212kcal	19kcal	0g	14g
主要碳水化合物来源	分量	热量	蛋白质	碳水化合物	脂肪
凤梨	100g	51kcal	1g	14g	0g
小番茄	100g	30kcal	1g	7g	0g

CHEF'S NOTES 主厨笔记

这道菜是由菲律宾非常具有代表性的料理"Adobo炖排骨"变化而来的，取其调味精髓，改用能快速烹调完成的方式来呈现。腌渍猪里脊时，加入少量凤梨，不仅可以增添风味，还可以利用天然酵素软化肉质。但腌渍时间不宜过长，以免凤梨酵素影响肉质。

泰式柠檬鱼

材料 >>

泰式柠檬酱（57.8kcal）
白糖2茶匙，柠檬汁3茶匙，鱼露4茶匙，香菜（切碎）3g，大蒜（切碎）3g，辣椒（去籽后切碎）3g

锅煮鲷鱼排（303kcal）
芦笋（切段）150g，小番茄（剖半）50g，洋葱（切丝）50g，鲷鱼排200g，老姜（切片）30g，葱段50g，盐1/4茶匙，水100mL

盛盘配料
柠檬（切片）酌量，香菜叶酌量，辣椒（斜切片）酌量

准备工作 >>

1　制作"泰式柠檬酱"：将所有内容物混合均匀。
2　准备所有蔬菜配料。

做法 >>

1　先在锅底铺上姜片，再依序放入鲷鱼排、芦笋段、剖半小番茄、洋葱丝。
2　在鱼肉表面铺上葱段，加水盖锅焖煮至鱼肉熟透即可关火，5~6分钟即可。
3　取出铺在鱼肉上的葱段后盛盘。
4　最后淋上泰式柠檬酱，铺上柠檬片、香菜叶、辣椒片即完成。

营养师小知识

鲷鱼与鲑鱼相比油脂含量更低，蛋白质含量更高。鲷鱼是减脂饮食中高蛋白、控制热量时的绝佳食材，但使用了白糖，所以碳水化合物稍微提升了一点儿，只要在调味时稍微减少糖量，也可以轻松符合低糖料理。

营养分析				
热量	蛋白质	碳水化合物	脂肪	膳食纤维
360kcal	44g	37g	8g	6g

增肌或减脂替换					
主要蛋白质来源	分量	热量	蛋白质	碳水化合物	脂肪
鲷鱼排	100g	110kcal	18kcal	3g	4g

CHEF'S NOTES 主厨笔记

泰式柠檬鱼的酱汁是这道菜的灵魂所在，其酱汁也可当成"泰式干拌鲜虾冬粉"的佐酱，若在酱汁中加入花椒粉，就变成了"泰式椒麻鸡"的淋酱。建议大家事先做好"泰式柠檬酱"，省去重复制作的时间，让你在3天内变出3种吃法。酱汁里的香菜用时再加入，以免酱汁变黑。酱汁可冷藏保存3天。

延伸料理
泰式柠檬酱延伸料理→泰式干拌鲜虾冬粉（第141页）、锅煎泰式椒麻鸡（第142页）。

泰式干拌
鲜虾冬粉

材料 >>

泰式柠檬酱1份，新鲜虾仁200g，冬粉50g，小番茄(剖半)100g，芹菜或西洋芹(斜切段)50g，洋葱(切丝)30g，花生碎10g，香菜叶5g，辣椒(斜切片)酌量

准备工作 >>

1 制作"泰式柠檬酱"，做法请参阅第140页。
2 准备所有蔬菜配料。
3 冬粉泡滚水5分钟后盛盘。

做法 >>

1 将新鲜虾仁汆烫后盛盘。
2 加入所有蔬菜配料和泰式柠檬酱混拌均匀。
3 撒上花生碎、香菜叶、辣椒片即完成。

营养分析

热量	蛋白质	碳水化合物	脂肪	膳食纤维
424kcal	15g	61g	5g	4g

增肌或减脂替换

主要蛋白质来源	分量	热量	蛋白质	碳水化合物	脂肪
虾仁	100g	44kcal	10kcal	1g	9g
主要碳水化合物来源	分量	热量	蛋白质	碳水化合物	脂肪
糖	1g	4kcal	1g	0g	0g
冬粉	100g	349kcal	1g	87g	0g
小番茄	100g	30kcal	1g	8g	0g

营养师小知识

虾仁的热量有88%来自蛋白质，是运动一族补充蛋白质的绝佳食材。而花生的多元不饱和脂肪酸占了70%以上，也含有丰富的镁、钾离子，与我们碳水化合物的代谢有关，钾离子可帮助肌肉正常收缩。

CHEF'S NOTES 主厨笔记

汆烫过的新鲜虾仁搭配番茄、芹菜、洋葱，淋上咸、鲜、酸、甜、辣五味交融的泰式柠檬汁，最后撒上花生碎、香菜、辣椒增添口感层次，爆汗运动后的开胃料理非它莫属。如果喜欢酸酸的滋味，也可多加一些柠檬汁或切一两片柠檬片，更加色香味俱全。

延伸料理
泰式柠檬酱延伸料理→泰式柠檬鱼(第140页)、锅煎泰式椒麻鸡(第142页)。

锅煎泰式椒麻鸡

材料 >>>

泰式椒麻酱（65kcal）
泰式柠檬酱1份，花椒粉1/4茶匙

锅煎鸡腿排（314kcal）
去骨鸡腿排（带皮）200g，水100mL，盐1/8茶匙

盛盘配料（42.8kcal）
高丽菜（切丝）100g，小番茄（剖半）50g，胡萝卜（切丝）20g，香菜叶酌量，红辣椒（斜切片）酌量

准备工作 >>>

1 制作"泰式柠檬酱"，做法请参阅第140页，再加入花椒粉混合均匀。
2 准备盛盘配料：在盘中依序放入高丽菜、小番茄、胡萝卜、香菜叶、辣椒。

做法 >>>

1 去骨鸡腿排皮面朝上放入锅中，加入水和盐，盖锅小火焖煮至沸腾，计时3分钟后打开锅盖将水分收干。
2 将鸡腿排翻面，在上面压一个碗盘，利用重力让鸡皮贴紧锅面，逼出皮下脂肪，把鸡皮煎至焦黄酥脆后即可起锅盛盘。
3 淋上泰式椒麻酱，搭配盛盘配料即完成。

营养师小知识

一般肉类可以简单地分为红肉与白肉：红肉的肌红蛋白、铁质丰富，但通常脂肪量也较高；而鸡腿属于白肉，能提供丰富蛋白质以及适量脂肪。对运动一族来说，鸡肉一直都是生活中最易取得的优质蛋白质之一，搭配绿色、红色的蔬菜一同食用，以增加多元的植化素，保护我们减少氧化压力造成的困扰。

营养分析

热量	蛋白质	碳水化合物	脂肪	膳食纤维
422 kcal	41g	25g	18g	3g

增肌或减脂替换

主要蛋白质来源	分量	热量	蛋白质	碳水化合物	脂肪
去骨鸡腿排（带皮）	100g	157kcal	19kcal	0g	9g
主要碳水化合物来源	分量	热量	蛋白质	碳水化合物	脂肪
白糖	1g	4kcal	1g	0g	0g

CHEF'S NOTES 主厨笔记

传统的泰式椒麻鸡是油炸的，而我的习惯做法是先在锅中加水，盖锅蒸煮后再利用鸡皮的自体脂肪将表面煎脆，这样的烹调方式不仅能使鸡肉软嫩、表皮香脆，也少了许多因为面糊、粉料和外加油品所带来的热量和身体负担，更不用担心运动后摄取过多油脂而阻碍了蛋白质的吸收。

延伸料理
泰式柠檬酱延伸料理→锅煎泰式椒麻鸡（第142页）、泰式干拌鲜虾冬粉（第141页）。

越式清炖牛腱 （4~5人份）

材料>>>

炖煮牛腱（1393.1kcal）
白萝卜（切块）600g，洋葱（切丝）300g，香菜梗20g，大蒜（拍碎）20g，老姜（切片）20g，八角5g，白胡椒粉1/4茶匙，盐2茶匙，鱼露2汤匙，牛腱800g，水800mL

盛盘配料
香菜酌量，九层塔叶酌量，青葱酌量，辣椒酌量

做法>>>

1 在炖锅里依序放入炖煮牛腱的所有食材，小火慢炖至牛腱软嫩即完成。

2 食用时可依照个人喜好加入香菜、九层塔叶、青葱、辣椒。

营养师小知识

牛腱是除了鸡胸之外，营养师最推荐的低脂高蛋白肉类。与鸡胸肉相比，牛腱含有更丰富的铁质，而且不管冷的卤牛腱或炖煮后的牛腱，都是好存放的美味料理，很适合运动后食用。铁质是制造红细胞最重要的原料，运动训练为心肺能力带来刺激，想要让身体更强壮健康，绝对不能忘记给身体补充足够的铁。

营养分析

热量	蛋白质	碳水化合物	脂肪	膳食纤维
1393 kcal	169g	67g	50g	16g

增肌或减脂替换

主要蛋白质来源	分量	热量	蛋白质	碳水化合物	脂肪
牛腱	100g	139kcal	20kcal	0g	6g

CHEF'S NOTES 主厨笔记

做"醋渍萝卜"时若有剩下食材，可加上洋葱和一些简单配料，就能炖煮出一锅多用的"越式清炖牛腱"，不管是当汤品、三明治馅料、配饭、搭面或是制作一碗生牛肉河粉，样样皆美味。

延伸料理
清炖牛腱延伸料理→越南三明治（第145页）、越南生牛肉河粉（第146页）。

食材保存
放凉后依食用需求分装，将3天内会吃完的份数冷藏保存。其余的可冷冻保存，请于1个月内食用完毕。

越南三明治

材料 >>

三明治配料（366.9 kcal）

法式长棍（剖半不切断）1/4条，猪肝酱20g，清炖牛腱（切片）100g，小黄瓜（切片）50g，香菜（连梗带叶）酌量，辣椒（斜切片）酌量

准备工作 >>

1 制作"醋渍萝卜"，做法请参阅第136页。

2 准备所有蔬菜配料。

做法 >>

1 烤箱预热至200℃。

2 放入法式长棍，烘烤至表面酥脆后取出，约5分钟。

3 在面包剖面上层均匀涂抹上猪肝酱。

4 依序放上清炖牛腱、小黄瓜片、醋渍萝卜、香菜、辣椒片即完成。

营养师小知识

牛腱相较于其他牛肉部位有较低的脂肪含量，每100g仅约有6g脂肪，含有肌酸、锌、铁、镁等营养素。肌酸对于健身这类短时间施力的运动来说，可以协助能量代谢。健身一族赶快将这道料理放入必吃清单中吧！

营养分析

热量	蛋白质	碳水化合物	脂肪	膳食纤维
407 kcal	28g	44g	13g	3g

增肌或减脂替换

主要蛋白质来源	分量	热量	蛋白质	碳水化合物	脂肪
牛腱	100g	139kcal	20kcal	0g	6g
主要碳水化合物来源	分量	热量	蛋白质	碳水化合物	脂肪
法式长棍	100g	226kcal	7g	46g	1g

CHEF'S NOTES 主厨笔记

越南在饮食文化上深受法国影响，越南三明治就是其中之一。加入米粉制成的法式长棍，抹上猪肝酱后夹入各种形式的肉品以及酸酸甜甜的腌渍胡萝卜、小黄瓜、香菜、辣椒，我们也如法炮制，改用"越式清炖牛腱"切片夹入面包中，口感层次丰富，清爽又开胃！

越南生牛肉河粉

材料 >>

河粉50g，豆芽菜50g，板腱牛肉片100g，越式清炖牛腱汤400mL，鱼露酌量，九层塔叶酌量，香菜叶酌量，辣椒（切片）酌量，柠檬（切舟状）酌量

准备工作 >>

1 河粉泡入冷水，备用（至少10分钟）。
2 准备所有蔬菜配料。

做法 >>

1 将河粉煮至软透，并氽烫豆芽菜后，一同盛盘。
2 在大碗里铺上牛肉片，冲入滚烫的越式清炖牛腱汤。
3 依照个人喜好加入鱼露、九层塔叶、香菜、辣椒，再挤入柠檬汁即完成。

营养分析

热量	蛋白质	碳水化合物	脂肪	膳食纤维
481 kcal	33g	49g	18g	1g

增肌或减脂替换

主要蛋白质来源	分量	热量	蛋白质	碳水化合物	脂肪
板腱牛肉片	100g	166kcal	20g	0g	9g
主要碳水化合物来源	分量	热量	蛋白质	碳水化合物	脂肪
河粉（干）	100g	373kcal	3g	90g	0g

营养师小知识

板腱牛肉不仅是优质蛋白质的来源，同时包含B族维生素、矿物质铁、镁等，可增强免疫力并参与造血功能，帮助人体新陈代谢。50g的豆芽菜再加上一份烫青菜，就可轻松达成一餐的膳食纤维摄取量。

CHEF'S NOTES 主厨笔记

有了自己熬煮的"越式清炖牛腱"鲜美汤头，当然要用滚烫的热汤来制作一碗粉嫩肉片的"越南生牛肉河粉"。这是越南菜的经典款，爽脆的黄豆芽拌上河粉与香菜、柠檬汁，清爽鲜甜的滋味会让你碗底朝天！

鱼露炒牛肉
空心菜

材料 >>

腌渍牛肉（177kcal）

板腱牛肉片100g，白胡椒粉1/8茶匙，白糖1/4茶匙，鱼露1茶匙

烹调用料（77.9kcal）

食用油1茶匙，大蒜（切碎）10g，辣椒（斜切片）酌量，空心菜120g，鱼露1茶匙，柠檬汁或白醋1/2茶匙，水1汤匙

准备工作 >>

1 腌渍牛肉：将牛肉片切成适口大小，加入腌渍牛肉的食材抓拌均匀。

2 空心菜切段，叶梗分开，以方便分次下锅。

做法 >>

1 在锅中倒入食用油，放入大蒜碎、辣椒片，以小火热锅至大蒜开始冒泡。

2 放入空心菜梗、鱼露，拌炒至菜梗变色。

3 接着放入牛肉片、空心菜叶、柠檬汁或白醋、水，均匀拌炒至牛肉片表面熟化即可起锅。

营养师小知识

通常越深色的蔬菜铁质、钙质越多，当然也不能忘记蔬菜中重要的叶酸、膳食纤维，如碳水化合物的代谢、身体修复、合成DNA都需要叶酸的参与，所以它非常适合高消耗的运动一族。而膳食纤维能帮助我们维护好肠胃，让营养更易吸收。所以每餐都要吃体积约为一个拳头大小的蔬菜，才能补足膳食纤维。

营养分析

热量	蛋白质	碳水化合物	脂肪	膳食纤维
227 kcal	24g	12g	17g	4g

增肌或减脂替换

主要蛋白质来源	分量	热量	蛋白质	碳水化合物	脂肪
板腱牛肉片	100g	166kcal	20kcal	0g	9g

CHEF'S NOTES 主厨笔记

1.空心菜梗所需熟成时间较长，所以先下锅拌炒。此外，空心菜梗较不易吸收调味，所以在拌炒菜梗时就下调味料，以免菜叶吃起来较咸。
喜欢蒜香的朋友，也可增加大蒜的量来爆香。

2.加入柠檬汁拌炒，能防止空心菜变黑，也让整道菜的风味更为鲜明。

3.炒菜时加水，除了能让食材受热更均匀之外，还防止蔬菜渗出菜汁而让口感变老。

4.虽然在家里不容易炒出饭店特有的味道，不过我们能利用调味来增加菜色的风味层次，如鱼露就很好用。

居家健身的基础练习

A 4阶段徒手深蹲+伸展动作

B 13种伏地挺身+伸展动作

C 20种核心训练

（锻炼腹直肌及相关肌群、锻炼腹斜肌及相关肌群、
锻炼臀部相关肌群、锻炼背部相关肌群）

3阶段！用10分钟练全身

FITNES
CLASS

APPENDIX

EASON'S
居家健身
小教室

SS
ROOM

练起来！居家健身让你改变体态

不用去健身房，单靠自己身体的重量，并利用身边物品或简单辅具，就可以达到健身效果，这对于时间总是不够用、喜欢宅在家、不爱出门的我来说再适合不过了。这样一练就是二十几年，身材也从二十几岁保持到现在 45 岁没变过。

方法一点儿都不难，只要下定决心坚持下去，相信你也可以做得到。有位企业家曾经说过："坚持把简单的事情做好就是不简单，坚持把平凡的事情做好就是不平凡。"

想要改变体态也是一样，方法其实很简单，即便只是几个简单的动作，只要把它当成习惯坚持下去，相信你会看到自己的改变。

强力推荐给以下人群

1 没有办法安排时间、没有多余预算上健身房的你。

2 想要将运动融入生活之中，为自己的健康而动的你。

3 为了提升肌肉保护能力，避免劳动或运动伤害的你。

4 想要拥有健康体态，但不追求硕大肌肉或魔鬼身材的你。

5 想要在上健身房、报名运动课程、参加路跑比赛之前，建立基础体能的你。

但如果你是以下状况，需注意

1 有急迫的时间压力，必须达到特定目标→请积极寻求专业人士（运动教练、营养师）的协助，效果才有可能立竿见影。

2 本身有慢性疾病或受过重大外害（例如骨折、脱臼、韧带撕裂）→请先咨询医生意见，再安排你的运动计划。

3 已经严重影响日常活动的重度肥胖者→请先咨询医生找出原因，再依照医生指示安排后续计划。

运动前的 8 个小叮咛

减少运动伤害，预防甚于治疗！

随着年纪的增长，逐年下降的不只是体力，身体组织的修复能力也跟着下降。以前三五天就可以复原的小伤，现在要休养几个礼拜才会好，甚至有些伤害是无法痊愈的，一不小心就会再度复发。而医生也只会告诉你：学着跟它和平共处吧。这是来自 45 岁的过来人的经验。所以，在开始运动之前，先跟大家聊聊基本的运动防护观念。

重质不重量，不要逞强

运动成效是需要时间慢慢积累的，不会因为你这次训练少做了几下，肌肉就长不出来或少瘦了几斤，切记用"平稳的速度做出标准动作"，这才是有效动作。千万不要逞强，否则不但没有达到运动的成效，甚至还有可能造成运动伤害，换来几天甚至更久不能做运动，那就得不偿失了。

身心状况不佳，请避免运动

运动不仅需要体力，还需要专注力，在身体疲惫、不适或是精神不佳的状态下做运动，不仅无法达到应有的运动成效，也可能因此增加了运动伤害的风险。

避免过度训练

身体组织所能承受的运动量有一定的限度，超过负荷时，动作姿势就容易变形或是做不完整，不仅成效大打折扣，也提高了运动伤害的风险。此外，过度训练之后，需要更长的时间做修复，有可能因此而影响到下次的运动。适当的强度安排，才能确保稳定良好的训练品质。

出现以下征兆时，就表示你可能过度训练

★ 安静心率过高：数字会说话，如果你早上起床时的安静心率高于正常水平，就代表过度训练后身体还没有恢复，这是最科学的衡量方式，但必须每天记录自己的心率，才能得到一个平均标准值。

★ 延迟性肌肉酸痛过久：通常许久没运动的人，在开始运动或提高训练强度之后会有延迟性肌肉酸痛发生，一般会在 8~12 小后开始显现，在 24~72 小时达到高峰，通常 5~7 天可以完全恢复。酸痛持续时间通常跟强度有直接关联，强度超出负荷越多时，持续时间会越久。运动强度设定需要考虑到自己的运动周期，尽量让身体能控制在下次运动前恢复最佳状况。

★ 其他征兆：运动表现不如以往、睡眠品质不良、精神异常疲惫、情绪起伏大、食欲不佳、容易生病、频繁受伤。

认真做好热身运动与放松运动

运动前的热身运动不仅可以减少运动伤害的发生，更重要的是让身心都做好运动的准

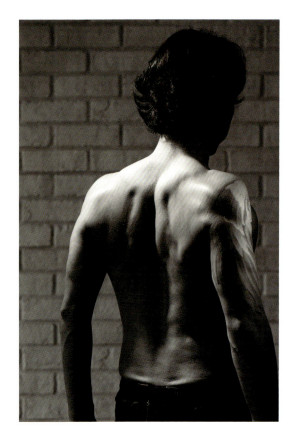

扫码观看
并跟练！

备，有助于提升运动表现和运动成效。

运动后的放松运动则是要让血液循环恢复到正常状态，舒缓在运动过程中肌肉持续收缩所产生的紧绷感，并且降低延迟性肌肉酸痛的发生程度。由于身体的肌肉组织都是互相连结，而非各自独立存在的，所以即便你只是针对个别部位做训练，运动前后都建议做全身性的伸展，再视需要加强个别部位。

伸展动作不管在运动前或运动后都会做，两者之间的主要差别如下

★**运动前**：以动态伸展为主，将关节拉至末端角度后不做停留随即返回，然后再重复动作，如此可避免肌肉在伸展过程中失去弹性，而在运动过程中受伤或是影响到运动表现。

★**运动后**：则是针对个别部位做静态伸展，将关节拉至末端角度后停留 30~60 秒为佳。时间太短，肌肉容易回弹，而无法达到拉筋的效果。

此外，无论是做动态或静态伸展，将肌肉拉到产生紧绷即可（注意不是疼痛感），过度用力反而会造成肌肉拉伤。此外，将关节拉至末端角度后不要来回缩放，否则有可能会让肌肉更加紧绷或受伤。

运动前认真做 —— 动态伸展＋热身运动

运动前，先做动态伸展动作，将关节活动度打开并且降低结缔组织黏滞性，然后再做些轻度的有氧动作，例如快走、原地跑、开合跳等，可以缓慢地提升心率，增加血液流量、摄氧量，以提高肌肉的感受度与反应速度。

运动后好好做 —— 放松运动 + 静态伸展

运动完毕后，则是先做些放松运动后再进行静态伸展。以我为例，习惯在跑步结束前就开始放慢跑速，然后紧接着快走、慢走，直至心率恢复正常后再停下来做伸展动作。

学习并使用正确的呼吸方式

在重量训练时，"用力吐气，放松吸气"是大原则，用力憋气会造成血压升高，对于有心血管疾病的人是非常危险的事。如果分不清楚到底哪一段动作才是主要发力动作时，可用简单记法 —— "上吐下吸"来掌控呼吸，动作向上时吐气，动作向下时吸气。

在有氧运动时掌控呼吸节奏也是非常重要的，它会直接影响到你的运动表现。到底是"嘴巴吐气鼻子吸气"，还是"嘴巴吸气鼻子吐气"，抑或是"一起吐一起吸"呢？我只能说，别人用的呼吸方式不一定适合你，以自己觉得最顺畅的方式为原则，保持固定节奏呼吸即可。

最后要提醒大家的是

★不管做任何动作，都要避免在软质的床垫或沙发上操作，以确保动作的正确性和稳定性，也可避免运动伤害的发生。

★运动也是一种动作的模仿，当没有教练在旁指导动作时，全身镜将会是帮你确认姿势正确与否的好帮手。

第 3 课
居家健身的基础练习

　　深蹲、伏地挺身、核心训练，是居家健身必练的 3 组动作，影片里每组动作的顺序都是依照强度由低至高编排的，建议大家可以跟着影片从头开始做，把低强度的动作当成热身，逐步往上做到可承受的强度为止。也可以借此了解在做"10 分钟练全身"时，要如何安排强度动作组合。

A 4 阶段徒手深蹲 + 伸展动作

　　深蹲动作最主要训练的是"大腿前侧的股四头肌"和"臀大肌"，它占了全身一半以上的肌肉量。做这个动作除了可以有效消耗掉热量以外，还有助于稳定核心肌群以及提升运动表现，非常适合当成居家健身或是上健身房之前的基础训练。此外，它也可以增加腰部及膝盖关节的保护能力，避免日常活动及运动时所造成的伤害。

动作小提醒

1 下蹲的深度需以不会造成骨盆部翻转为极限，以免造成下背酸痛或腰椎受伤。

2 由于每个人的小腿长度和髋关节活动度不同，所以不用刻意去限制膝盖位置，只要确保骨盆是向后启动，不是向前启动，使膝盖超出脚尖即可。

扫码观看
并跟练！

A1 　靠墙蹲
A2 　座椅蹲
A3 　标准深蹲
A4 　深蹲跳

B 13 种伏地挺身 + 伸展动作

　　伏地挺身最主要训练的是胸肌、三角肌、三头肌以及核心肌群，这个动作除了可以有效增强我们上半身的力量，还可以打造出衣架子般的结实身材、告别拜拜袖。

扫码观看
并跟练！

动作小提醒

　　双手将身体撑起时，不要将肘关节绷紧锁死，以免受伤。身体往下压时，手肘自然往后带即可，不要刻意往侧边张开，否则会增加肩膀的受力，进而提高受伤的风险。

B1　推墙

B2　扶桌

B3　跪姿

B4　标准

B5-1窄手／B5-2宽手／B5-3交错手

B6-1双脚堆叠／B6-2单脚抬腿

B7-1弹跳／B7-2击掌

B8　海盗船

B9　波比跳

C　20种核心训练

　　核心肌群主要是围绕在脊椎和骨盆腔周围的肌肉群，除了大家所熟知的腹直肌、腹外斜肌以外，还包括一些深层的肌肉群，例如，腹横肌、腹内斜肌、腰方肌、多裂肌等。我们在日常活动或运动中所做的任何动作，都会运用到这些肌群发力来稳定躯干、维持姿势，并且保护我们的脊椎在动作进行时不会受到伤害。

锻炼腹直肌及相关肌群

卷腹系列动作

　　卷腹和仰卧起坐的基本姿势相同，只是少了抬起整个背部的部分，不仅可以避免脊椎受伤，也让训练效果可以更集中在腹部肌肉上。

动作小提醒

1 不要抱头做动作，以免双手不自觉地用力，进而造成颈椎伤害。

2 做动作时用腹部肌肉发力，避免用背部或脖子的力量将身体带起。

3 动作过程中收紧腹部并保持下背贴地，以免脊椎受伤。

4 动作过程中，保持肩颈离地，可以增加运动的强度。

C1　屈膝卷腹

C2　抬膝卷腹

C3　直腿卷腹

C4　V形卷腹

扫码观看
并跟练！

仰卧抬腿系列动作

仰卧抬腿和卷腹系列动作一样，最主要是在训练我们的腹直肌和相关肌群，差别在于卷腹是比较偏向上腹部的锻炼，而仰卧抬腿则是偏向下腹部，运动新手在做"10分钟练全身"组合动作时，如果无法一次负荷两个腹直肌的训练，可先选择其一操作，等体能可以负荷时，再加入另一个系列动作，以达到更全面的锻炼效果。

动作小提醒

1 仰卧抬腿动作会比卷腹动作更容易让下背拱起离地，从而造成下背酸痛或是受伤，在做此动作时可在腰部下方垫一条毛巾以确保动作正确。

2 将脚抬至45°角位置时，是腹部最用力的时候，再往上举或往下放都会使强度减弱，大家可选择适合自己的角度做动作。

3 双脚向下放时，尽量接近地面但不触地面，可增加运动成效。

D1　单脚抬腿

D2　双脚抬腿

D3　剪刀脚抬腿

D4　抬腿画圈

锻炼腹斜肌及相关肌群

腹斜肌分为腹内斜肌与腹外斜肌，主要是负责稳定与旋转身体的功能，锻炼它们除了有助于身体平衡外，如果你想拥有紧实的腹部线条，除了将腹直肌锻炼成"巧克力肌"外，还需要借由腹斜肌的锻炼来加强"人鱼线"。

动作小提醒

1 在做俄罗斯转体动作时，要用躯干发力旋转带动双手移动，而不要变成只有两只手在做左右移动。此外，在动作过程中要保持骨盆稳定，不要跟着左右晃动。

2 肘碰膝侧卷腹及脚踏车式卷腹请参考前页"卷腹动作小提醒"。

E1　屈膝俄罗斯转体

E2　肘碰膝侧卷腹

E3　抬膝俄罗斯转体

E4　脚踏车式卷腹

锻炼臀部相关肌群

臀桥相较于深蹲，是更集中在臀部肌肉锻炼的动作，做这个动作可以提升臀部肌肉的发力感受，并且有助于修饰臀部肌肉线条。但在没有负重的情况下是无法刺激肌肉增长而明显改变臀形的，大家要认识到这一点，不要过分期待。

动作小提醒

1 动作时主要是用臀部发力将骨盆往上提起，而非使用腹肌在发力。

2 过度夹紧臀部或是将骨盆上提过高，都会让腰椎承受过大压力而受伤。

F1　臀桥

F2　跨腿臀桥

F3　直腿臀桥

F4　屈腿臀桥

锻炼背部相关肌群

大家别只顾着锻炼照镜子看得到的正面肌群，而忽略背部肌群的锻炼。否则，有可能会因为前、后肌肉发展失衡而导致轻微的驼背。此外，在背部肌群肌力、肌耐力不足时，也比较容易腰酸背痛。当然，如果身体有任何异常疼痛或不适感时，一定要先咨询医生，不要自行揣测原因后贸然开始做运动，而出现加重伤害的情况。

动作小提醒

由于每个人的身体柔软程度不一样，所以在做以下"超人系列动作"时，背部产生紧绷感即可，不要刻意加大动作弧度或过度用力，以免造成伤害。

G1　超人式

G2　超人飞行

G3　超人夹背

G4　超人打水

3阶段！用10分钟练全身

10分钟练全身是以平衡发展全身主要肌群为目的，运用以上所示范过的动作，依照强度由低至高所组合而成的训练菜单。每个组合都是通过7个训练动作来达到锻炼全身的效果，运动新手可以直接从入门篇开始做起。

再次提醒，运动要先重质再求量，这样才能达到应有的成效并且避免运动伤害，所以以每个动作先以自己可以正确、稳定、完整做完的次数为主，千万不要逞强，需视肌肉的恢复状况设定目标次数、组数与运动周期。第159页的4篇组合仅供大家参考，实际操作时可视体能状况与个人喜好，自由更换其中项目，组合成自己专属的训练菜单。

如何安排训练菜单达到运动成效？

大家是否还记得先前提到的，有了正确的姿势与稳定的动作确保运动品质之后，还需要适当的运动强度与运动量相互对应搭配，才能真正达到所谓的运动成效。

一般而言，除了一些高强度间歇训练可以在短时间内达到运动效果之外，一般中、低等强度的运动，至少要持续10分钟以上，并且总体时间在20~30分钟才会有显著的运动成效，所以我们就以10分钟为一个单位来设定阶段性的目标。

假如你是几乎没在运动的新手，可以直接从"入门篇"开始做起！

第一阶段目标——运动10分钟

开始动作后，记录下每个动作能以标准姿势做完的次数（深蹲动作则用配合呼吸节奏读秒的方式计算），以及做完整组7个动作的所需时间（每个动作之间休息20~30秒，可视个人体能状况缩短或延长。我的习惯是在每个动作之间，做10次的深吐、深吸来缓和心跳，顺便计算休息时间）。如果整组时间未达10分钟，在休息1~2分钟之后开始做第2组，每个动作能以标准姿势做完才是最重要的，能达到第1组的次数当然是最好，尽力而为即可。

一般而言，每个动作用平稳的节奏做完20下，动作之间休息20~30秒，就可以达到10分钟的目标。

第二阶段目标——运动20分钟

适应了第一阶段之后，开始将动作次数往上加，同样以达到整组动作时间可以超过10分钟为目标，并且重复做1~2组，以使总运动时间可以超过20分钟。

第三阶段目标——运动30分钟

持续调整动作次数至每整组动作时间可以超过10分钟，反复操作3组以上，使总运动时间超过30分钟。

进阶目标——提升运动强度

由于每组 7 个动作之间没有连带关系，所以不管是在哪一个阶段，只要你开始感觉到某个动作把次数持续往上加，并没有为肌肉带来相对应的刺激与力量成长时，就可以将它更换成下一个强度的动作。

让肌耐力 Up！Up！Up！

除了上述的"整组动作循环操作"，即 7 个动作全部做完之后，再整组重复做，也可以用"单一动作个别操作"的方式运动。简单地说，就是每一个动作个别设定目标次数，操作完毕之后再换下一个动作。以我自己为例，我习惯以 100 下当成每个动作的目标次数，每个动作都先以平稳的节奏连续做出极限次数后，剩余的次数再分组做到加总起来 100 下为止。当一个动作可连续做出 100 下时，就会更换下一个强度的动作。这种训练模式相较于"整组动作循环操作"更能有效提升肌耐力。

以上方法提供给大家作参考，希望大家都能够借由这"10 分钟练全身"开启属于自己的运动人生。

居家健身的练习项目与组合

入门篇	基础篇	进阶篇	变化篇	我专属的训练组合
A1 靠墙蹲	A2 座椅蹲	A3 标准深蹲	A4 深蹲跳	
B1或B2 推墙或扶桌伏地挺身	B3 跪姿伏地挺身	B4 标准伏地挺身	B5-3 交错手伏地挺身	
C1 屈膝卷腹	C2 抬膝卷腹	C4 直腿卷腹	C6 V形卷腹	
D1 单脚抬腿	D2 双脚抬腿	D3 剪刀脚抬腿	D4 抬腿画圈	
E1 屈膝俄罗斯转体	E2 肘碰膝侧卷腹	E3 抬膝俄罗斯转体	E4 脚踏车式卷腹	
F1 臀桥	F2 跨腿臀桥	F3 直腿臀桥	F4 屈腿臀桥	
G1 超人式	G2 超人飞行	G3 超人夹背	G4 超人打水	

 扫码观看并跟练！

原书名：做自己的运动营养师

作者：张诣 Eason、好食课营养师团队

本书通过四川一览文化传播广告有限公司代理，经远足文化事业股份有限公司（幸福文化）授权出版中文简体字版本。

©2021，辽宁科学技术出版社。

著作权合同登记号：第 06-2021-15 号。

图书在版编目（CIP）数据

做自己的运动营养师 / 张诣著 . — 沈阳：辽宁科学技术出版社，2022.1

ISBN 978-7-5591-2278-0

Ⅰ . ①做… Ⅱ . ①张… Ⅲ . ①体育卫生—营养学 Ⅳ . ① G804.32

中国版本图书馆 CIP 数据核字（2021）第 197683 号

出版发行：辽宁科学技术出版社
（地址：沈阳市和平区十一纬路25号 邮编：110003）
印 刷 者：辽宁新华印务有限公司
经 销 者：各地新华书店
幅面尺寸：170mm×240mm
印 张：10
字 数：200千字
出版时间：2022年1月第1版
印刷时间：2022年1月第1次印刷
责任编辑：康 倩
版式设计：袁 舒
封面设计：袁 舒
责任校对：徐 跃

书 号：ISBN 978-7-5591-2278-0
定 价：59.80元

联系电话： 024-23284367
邮购热线： 024-23284502